lonely planet

ATHÈNES

EN QUELQUES JOURS

ALEXIS AVERBUCK

Sommaire

Préparer son séjour

Temple de Zeus olympien (p. 118)
MARINA PLUG/SHUTTERSTOCK ©

Explorer Athènes 35

Vaut le détour

Carnet pratique 173

Coups de projecteur

Bienvenue à Athènes

Par l'auteure, Alexis Averbuck

Athènes au petit matin offre un spectacle à nul autre pareil. Je veille toujours à explorer la ville dans la quiétude de ces premières heures, à l'ouverture des boutiques, quand la vue est dégagée et l'air frais. Lorsque la chaleur et l'activité augmentent au fil de la journée, parcourez les élégants musées, le dédale des rues commerçantes, les oasis verdoyantes au pied de la majestueuse Acropole. La nuit, l'animation bat son plein dans les excellents restaurants et bars. Mieux vaut avoir fait une sieste pour en profiter.

L'Acropole et le Parthénon
SVEN HANSCHE/SHUTTERSTOCK ©

Les incontournables

Explorer la Grèce antique à l'Acropole (p. 38)

PETR F. MAREK/SHUTTERSTOCK ©

Examiner les trésors du musée de l'Acropole (p. 44)

Entrer dans le passé à l'Agora antique (p. 58)

GEORGIOS TSICHLIS /SHUTTERSTOCK ©

SAIKO3P/SHUTTERSTOCK ©

Plonger dans la culture grecque au musée Benaki (p. 102)

Admirer les antiquités du musée national d'Archéologie (p. 130)

HERACLES KRITIKOS/SHUTTERSTOCK ©

Flâner parmi les ruines de Keramikos (p. 158)

MILAN GONDA/SHUTTERSTOCK ©

MILAN GONDA/SHUTTERSTOCK ©

Se promener sur la colline de Philopappos (p. 148)

S'émerveiller devant le temple de Zeus olympien (p. 118)

Se restaurer

Les Athéniens aiment prendre le temps de sortir, à manger et à discuter. Malgré la prolifération des restaurants branchés, la préférence des habitants va aux tavernas *et à leur cuisine régionale à base de produits frais. Ajoutez à cela un goût prononcé pour les terrasses en plein air, et vous comprendrez pourquoi les repas durent parfois des heures.*

Établissements

Il existe différentes sortes de *tavernas* : la *psarotaverna* a pour spécialité les fruits de mer, la *hasapotaverna* ou *psistaria* les viandes grillées, tandis que le *mayirio* se spécialise dans les plats familiaux mijotés ou cuits au four (*mayirefta*). On trouve également des restaurants (*estiatorio*) plus formels.

Les *ouzeria* et les *mezedhopoleia* proposent de petites assiettes à partager (mezze) en sirotant des verres d'ouzo. Le souvlaki (ou *kalamaki*) est une brochette de viande, plat de rue national, concurrencé par le *gyros* (kebab), servi dans un pita avec tomates, oignons et tzatziki.

Usages de table

L'été, une salle vide n'est pas forcément mauvais signe, les clients préférant souvent la terrasse sur le toit ou dans la cour.

Dans les *tavernas* familiales, aller en cuisine pour voir les plats du jour est courant.

Pour commander en grec, voir *Choisir au restaurant* (p. 166).

Cuisine grecque traditionnelle

Karamanlidika tou Fani Le boucher du coin transformé en restaurant. (p. 68)

Aspro Alogo Une simple taverne en centre-ville. (p. 90)

Diporto Agoras Près du marché central, une institution à l'heure du déjeuner. (p. 77)

I Kriti Une table crétoise très rustique. (p. 138)

Atlantikos Des produits de la mer frais et simples. (p. 68)

Mezze

Ivis Un charmant café-bar dans l'ambiance branchée de Psyrri. (p. 70)

Glykys Ici, ouzo rime avec boulettes de viande et saucisses épicées. (p. 90)

RAWF8/SHUTTERSTOCK ©

Atitamos Mezze exquis et ambiance détendue dans le quartier d'Exarhia. (p. 138)

Ama Lachei stis Nefelis Cuisine grecque variée et de saison dans une ancienne école reconvertie. (p. 138)

Cuisine grecque moderne

Soil Menu dégustation raffiné, créatif et moderne. (p. 124)

Merceri Adresse méditerranéenne à Thisio. (p. 152)

Mavro Provato La meilleure des *tavernas* modernes d'Athènes. (p. 124)

Spondi Restaurant deux étoiles niché dans un beau jardin. (p. 125)

CTC Urban Gastronomy Un menu dégustation surprise. (p. 165)

En-cas et pâtisseries

Elvis Souvlakis de qualité dans un cadre rock'n'roll. (p. 165)

Feyrouz Spécialités libanaises, fraîches et bon marché. (p. 63)

Kallimarmaro Feuilletés aux épinards et au fromage, biscuits et friandises traditionnels. (p. 125)

Cremino Somptueuses glaces et sorbets. (p. 90)

Kostas De savoureux souvlakis à manger debout. (p. 68)

À savoir

- Les Grecs dînent à partir de 21h.
- Dans les restaurants haut de gamme, réservez tôt le week-end (www.e-table.gr/en) ou arrivez de bonne heure.
- La table n'est pas débarrassée avant que les clients demandent l'addition.

Prendre un verre

À Athènes, la plupart des cafés se convertissent en bars le soir venu, avec DJ set en prime dans certains cas. Ils servent généralement à manger, mais sont de plus en plus nombreux à n'offrir que des boissons. Enfin, sachez que l'interdiction de fumer n'est pas toujours respectée.

Quartiers

Gazi et Kolonaki abritent surtout des clubs assez chics et onéreux. Pour des verres à moindre coût et de la musique live, direction Keramikos ou Exarhia. Psyrri et le nord de Syntagma sont les quartiers du centre les plus intéressants en matière de bars.

Musique grecque

La musique traditionnelle résonne un peu partout. Les bars et *tavernas*, en particulier ceux de Plaka, Psyrri et Exarhia, accueillent des groupes tous les soirs et le dimanche après-midi. Les clubs plus classiques, en activité de septembre à mai, ouvrent vers 23h30. Pas de droit d'entrée spécial, mais le prix des boissons est majoré par rapport aux bars.

Clubs d'été

L'été, les Athéniens affluent vers les mégaclubs installés sur le front de mer de Glyfada, le long de la ligne de tramway. Les clients qui réservent pour dîner ne paient pas l'entrée. Autrement, le tarif va de 10 à 20 € avec une consommation. Soignez votre tenue pour pouvoir entrer.

Bars de quartier

Six d.o.g.s L'une des meilleures adresses de Psyrri ; nombreuses salles et espaces extérieurs. (p. 72)

Chelsea Hotel Lieu détendu à Pangrati, animé nuit et jour. (p. 126)

Galaxy Bar Petit bar américain rétro dans une galerie marchande de Syntagma. (p. 81)

Dude Bar Excellents concerts dans ce lieu ouvert tard. (p. 71)

Nabokov Bar littéraire discret à la lisière d'Exarhia. (p. 142)

SUN_SHINE/SHUTTERSTOCK ©

Alphaville Un condensé de la vie nocturne de Keramikos. (p. 161)

Blue Parrot Lieu incontournable de Metaxourgio sur la Plateia Avdi. (p. 168)

Bars spécialisés

Baba Au Rum Ici, les cocktails sont une affaire sérieuse. (p. 91)

The Clumsies Régulièrement cité pour le titre de meilleurs barmen au monde. (p. 91)

Heteroclito Joli bar à vins sans prétention. (p. 91)

Barley Cargo Haut lieu de la bière grecque. (p. 91)

Cafés

Taf Coffee Excellent café torréfié sur place. (p. 141)

Buñuel Uptempo Bistro Nouvelle adresse de Kolonaki. (p. 112)

Little Tree Book Cafe Café, vin et en-cas au milieu des livres. (p. 50)

To Tsai Le temple des amateurs de thé. (p. 112)

Décor et vue

Couleur Locale Toit en terrasse panoramique à deux pas de l'Acropole. (p. 74)

Little Kook Un cadre délirant de parc d'attractions. (p. 72)

Noel L'éclairage étudié rend tout le monde photogénique. (p. 72)

Yiasemi Décor de carte postale, en plein milieu des marches d'une rue de Plaka. (p. 92)

À savoir

- Les bars commencent à s'animer vers 23h et sont généralement ouverts jusqu'à 2h ou 4h le week-end.
- Les transports publics s'arrêtent ou ralentissent après minuit, mais les taxis sont très abordables.

Shopping

Le centre est resté le quartier marchand d'Athènes, et ses nombreux magasins sont encore regroupés par types de produits (mercerie d'un côté de la rue, quincaillerie de l'autre...). La principale artère commerçante est l'avenue piétonne Ermou, reliant Syntagma à Monastiraki.

Chasse au style

Comme beaucoup d'entreprises créatives, la mode et le design fleurissent dans la capitale grecque. À l'intention des fashionistas, Alternative Athens (p. 22) organise des visites d'ateliers de stylistes.

Prix et soldes

Si l'on peut éventuellement marchander dans les marchés aux puces, voire chez les brocanteurs, les prix sont généralement fixes. Les soldes, surtout de vêtements, se déroulent de mi-janvier à février et de mi-juillet à août. Des soldes de demi-saison ont lieu les 10 premiers jours de mai et de novembre.

Souvenirs originaux

Korres Une marque grecque de produits de beauté naturels. (p. 96)

Forget Me Not Articles de mode et de déco de créateurs locaux. (p. 94)

Flâneur Pin's, patchs et autres articles rigolos évoquant Athènes. (p. 94)

TAF Un café-galerie doublé d'un magasin de déco. (p. 68)

Annexe Pireos du musée Benaki La boutique du musée est idéale pour les cadeaux. (p. 163)

Art et artisanat

Amorgos Marionnettes et jouets faits main. (p. 95)

Musée Benaki Objets artisanaux de qualité dans la boutique du musée. (p. 102)

Galerie Zoumboulakis Estampes et affiches de grands artistes grecs. (p. 112)

Chrisanthos Un vieux spécialiste du *komboloï*. (p. 63)

Marché aux puces de Monastiraki De bonnes affaires au milieu du bric-à-brac. (p. 63)

JOSE HERNANDEZ CAMERA 51/SHUTTERSTOCK ©

Eleni Marneri Galerie Art moderne local et beaux bijoux. (p. 96)

Accessoires

Lemisios Chaussures classiques à customiser. (p. 114)

Katerina Ioannidis Bijoux contemporains avec une touche de folklore. (p. 114)

Melissinos Art Le fils du légendaire "poète sandalier" perpétue la tradition. (p. 52)

Zacharias Articles en cuir à motifs antiques sérigraphiés. (p. 144)

Alimentation

Varvakios Agora L'incontournable marché central d'Athènes. (p. 77)

Marché fermier d'Exarhia L'un des marchés les plus pittoresques d'Athènes. (p. 142)

Pantopoleion Kolios Ce n'est pas une épicerie habituelle : on y trouve d'excellents produits régionaux. (p. 77)

Mastiha Shop Comestibles à base de mastic. (p. 114)

Musique

Yiannis Samouelian Le numéro un du bouzouki. (p. 73)

Xylouris Musiques traditionnelles grecques et instruments. (p. 97)

Plan 59 Très bonne sélection de vinyles grecs. (p. 144)

Horaires des commerces

- Fermeture normale (14h environ) : lundi, mercredi, samedi.
- Fermeture tardive (21h, parfois avec pause l'après-midi) : mardi, jeudi, vendredi.
- Exception : les magasins touristiques de Plaka ferment toujours tard.

Art et spectacles

La scène artistique et musicale d'Athènes dépend largement de la saison. Beaucoup de théâtres et de grandes salles de spectacle ferment l'été pour laisser la place aux espaces en plein air. Les Grecs adorent chanter en chœur ; autant dire que l'ambiance est souvent conviviale, même lors des concerts les plus officiels.

Festival d'Athènes et Épidaure

De juin à août, on peut assister à des tragédies de la Grèce antique ainsi qu'à des pièces, des concerts, des ballets et des opéras plus récents dans l'Odéon d'Hérode Atticus sur l'Acropole. Une occasion à ne pas manquer.

Cinémas en plein air

Regarder un film sous les étoiles fait partie des plaisirs d'Athènes à la belle saison. Généralement programmées de mai à septembre, les projections ont lieu dans des jardins et sur des toits. Consultez le site d'**Athinorama** (www.athinorama.gr), en grec, à l'aide d'un système de traduction.

Programmes et billets

Si vous lisez l'anglais, procurez-vous **Kathimerini** (www.ekathimerini.com), supplément de l'*International New York Times*, et consultez **This Is Athens** (www.thisisathens.org/fr) ou **Vivre Athènes** (www.vivreathenes.com) pour connaître l'agenda culturel. Le site en grec **ελculture** (www.elculture.gr) est plus complet. **Viva** (www.viva.gr) vend des places de spectacle.

Espaces pluridisciplinaires

Gazarte Cinéma, concerts, librairie et restaurant à Gazi. (p. 168)

TAF Expos, bar-café, cinéma et théâtre. (p. 68)

Treno sto Rouf Bar-cabaret et spectacles créatifs dans de vieux wagons. (p. 169)

Bios Chic industriel : cinéma, galerie, bar... (p. 169)

PIT STOCK/SHUTTERSTOCK © ARCHITECT: RENZO PIANO BUILDING WORKSHOP

Grandes salles

Théâtre national Pièces souvent sous-titrées en anglais. (p. 143)

Technopolis Concerts en plein air dans le complexe d'une ancienne usine à gaz. (p. 169)

Centre culturel de la Fondation Stavros Niarchos Nombreux spectacles toute l'année, dont des représentations de l'Opéra national. (p. 171)

Musique live

Afrikana Jazz et musique du monde dans une maison bleue reconvertie. (p. 169)

O Kavouras Un club de rébétiko à Exarhia. (p. 144)

Half Note Jazz Club Une institution du jazz à Athènes. (p. 127)

Feidiou 2 Music Cafe Intimiste et décontracté. (p. 143)

Cinémas en plein air

Cine Paris Le doyen du genre, à un emplacement privilégié de Plaka. (p. 94)

Cine Dexameni Il se trouve sur une place arborée de Kolonaki. (p. 114)

Thission Pour se faire une toile en contemplant l'Acropole. (p. 155)

Riviera Programmation éclectique en VO sous-titrée en grec. (p. 143)

Vaut le détour

L'ultramoderne **Megaron Mousikis** (salle de concert d'Athènes ; www.megaron.gr/en) présente un riche programme hivernal d'opéras et de concerts. L'été, des spectacles ont lieu dans le jardin à l'arrière. Profitez-en pour naviguer parmi les 10 000 enregistrements entreposés dans la Bibliothèque musicale de Grèce.

Musées et sites

Si les ruines et les musées consacrés à l'Antiquité sont les attractions phares d'Athènes, la ville est en réalité un véritable mille-feuille historique, riche de collections remarquables, de sites archéologiques de toutes les époques et de témoignages architecturaux variés, tant sacrés que profanes.

Musées d'art

Musée national d'Archéologie La plus belle collection d'antiquités grecques au monde. (p. 130)

Galerie nationale Un complexe dernier cri dédié à la peinture grecque. (p. 122)

Fondation Basile & Élise Goulandris Une collection d'art exceptionnelle dans de somptueuses galeries. (p. 122)

Annexe Pireos du musée Benaki Expositions d'art moderne et contemporain dans un bel espace industriel reconverti. (p. 163)

Musée national d'Art contemporain Œuvres d'artistes grecs et étrangers dans une ancienne brasserie. (p. 47)

Musée d'Art cycladique Au confluent de l'art antique et moderne ; les figurines blanches aux lignes épurées inspirèrent Picasso et Modigliani. (p. 108)

Sites historiques et archéologiques

Acropole À voir, bien sûr, ainsi que son musée ! (p. 38)

Théâtre de Dionysos Le berceau du théâtre, sur le versant sud de l'Acropole. (p. 43)

Agora antique Le centre de l'activité administrative, commerciale, politique et sociale d'Athènes durant l'Antiquité. (p. 58)

Pnyx La colline où se tenait l'assemblée des citoyens dans l'Antiquité. (p. 151)

Musée national d'Histoire L'ancien siège du Parlement grec, sur les marches duquel le Premier ministre Theodoros Deligiannis fut assassiné en 1905. (p. 86)

Lycée d'Aristote L'endroit où le philosophe dispensait son enseignement en marchant avec ses disciples. (p. 109)

Musées spécialisés

Musée byzantin et chrétien Est-ce de l'art ou de la culture ? C'est en tout cas superbe ! (p. 108)

Musée juif L'histoire de la communauté juive en Grèce depuis le IIIe siècle av. J.-C. (p. 85)

Musée d'Art islamique L'art du Moyen-Orient et de l'Asie

STORM IS ME/SHUTTERSTOCK ©

d'une beauté à couper le souffle ! (p. 163)

Églises byzantines

Agios Dimitrios Loumbardiaris Une garnison turque menaçant les fidèles y aurait été miraculeusement foudroyée en 1648. (p. 149)

Petite Métropole (Agios Eleftherios) Contruite au XIIe siècle, l'église incorpore des fragments de frise antique. (p. 67)

Sotira Lykodimou Une église du XIe siècle renfermant des icônes du XIXe siècle. (p. 86)

À savoir

- En dehors de la haute saison estivale, la plupart des sites et musées ferment en début d'après-midi. Certains petits musées peuvent même avoir des horaires limités toute l'année. Renseignez-vous au préalable.

- Les églises n'ont pas d'horaires fixes ; entrez quand vous voyez la porte ouverte.

- Pour bénéficier de tarifs avantageux, voir *Cartes de réduction* (p. 179).

Activités et événements

KOSTAS TSEK/SHUTTERSTOCK ©

Si les rues d'Athènes invitent à flâner au hasard, d'excellents guides, des activités enrichissantes et des événements vous feront découvrir la ville sous des angles inédits. L'agenda culturel, ainsi que les promenades à pied proposées dans ce guide vous aideront aussi à composer votre itinéraire.

Circuits organisés

This Is My Athens (www.thisisathens.org/withalocal). Circuits guidés par des habitants bénévoles. Réservation 72 heures avant.

Alternative Athens (www.alternativeathens.com ; visites à partir de 40 €). Des circuits hors du commun.

Roll in Athens (www.rollinathens.tours/fr). Explorez le centre-ville ou le front de mer à vélo.

Solebike (www.solebike.eu). Découverte des sites en vélo électrique.

Festivals

Festival d'Athènes et d'Épidaure (https://aefestival.gr). C'est depuis 1955 le principal festival artistique d'Athènes. Il a lieu dans un théâtre antique.

Biennale d'Athènes (http://athensbiennale.org). Tous les deux ans, elle accueille des artistes grecs et étrangers de renom.

Athens Jazz (www.athensjazz.gr). Festival gratuit d'une semaine à Gazi en mai ou juin.

August Moon Festival Des événements musicaux sur les sites antiques sous la pleine lune d'août.

Gastronomie

Athens Walking Tours (www.athenswalkingtours.gr). Préparez vos propres feuilletés avec ce cours de cuisine grecque.

Athens Street Food Festival (www.athensstreetfoodfestival.gr/en). Festival de la cuisine de rue, créé en 2016.

Cycle Greece (☎ 210 921 8160 ; www.cyclegreece.com). Excursions à vélo dans les vignobles de l'Attique.

Athènes gratuit

Bien qu'Athènes ne soit pas une ville très onéreuse, autant dépenser le moins possible et profiter des sites gratuits. Sans rien vous coûter, les rues et marchés vivants, de même que les monuments antiques visibles de l'extérieur des clôtures, peuvent être l'objet de visites à part entière.

MILAN GONDA/SHUTTERSTOCK ©

Musées

Centre des Arts et Traditions populaires Dans la vaste demeure du folkloriste Angeliki Hatzimichali à Plaka. (p. 88)

Galerie municipale d'Athènes Œuvres d'artistes grecs des XIXe et XXe siècles. (p. 164)

Maison Benizelos Une bâtisse restaurée datant du XVIIe siècle. (p. 88)

Musée Benaki Gratuit le jeudi et ouvert jusqu'à minuit. (p. 102)

Balades

Premier cimetière d'Athènes Les tombeaux richement sculptés de l'élite athénienne du XIXe siècle. (p. 123)

Colline du Lycabette Le plus beau panorama sur la ville et la plaine de l'Attique. (p. 105)

Jardin national Un havre de verdure, juste au nord du parc du Zappéion. (p. 85)

Marché central (Varvakios Agora) Fruits et légumes, viande, poisson et monceaux d'épices. (p. 77)

Lieux photogéniques

Porte d'Hadrien L'arche romaine encadrant l'Acropole. (p. 55)

Pnyx Le site emblématique de la démocratie athénienne jouit d'une vue imprenable sur l'Acropole. (p. 151)

Colline de Philopappos Un monument romain et une église byzantine trônent au sommet. (p. 148)

Tombe du Soldat inconnu Evzones en tenue cérémonielle et visages solennels. (p. 84)

LGBTIQ+

KOSTAS KOUTSAFTIKIS/SHUTTERSTOCK ©

Acceptée dans l'Antiquité, l'homosexualité se heurte aujourd'hui à une société grecque assez conservatrice. La scène gay et lesbienne de la capitale n'en est pas moins animée et attire un nombre croissant de visiteurs étrangers. L'Athens Pride se déroule chaque année en juin depuis 2005.

Quartiers

Haut lieu des soirées gay et lesbiennes d'Athènes, Gazi comprend quelques mégaclubs, ainsi que de bons petits bars plus à la périphérie du quartier.

Il existe aussi des cafés *gay-friendly* autour de Plateia Agia Irini ainsi qu'à Metaxourgio et Exarhia. Alternative Athens (p. 22) organise une tournée des bars dans certains de ces quartiers.

La nuit

BeQueer La nouvelle génération de lieux nocturnes gay. (p. 168)

S-Cape Un mégaclub établi de longue date à Gazi. (p. 168)

Noiz À Gazi, pour les filles. (p. 161)

Big Le centre névralgique de la scène *bear* animée d'Athènes. (p. 168)

Koukles Spectacle de drag-queen rétro à Koukaki. (p. 52)

Le jour

Myrovolos Établissement lesbien populaire. Repas grecs disponibles. (p. 161)

Beaver Collective Un café tenu par des femmes dans l'annexe Pireos du musée Benaki. (p. 168)

Rooster Café et cocktails sur la Plateia Agia Irini (p. 73), au cœur trépidant de Monastiraki.

Sites Internet

Athens Pride (www.athenspride.eu/en)

Athens Info Guide (www.athensinfoguide.com)

Avec des enfants

Athènes compte peu d'aires de jeux, mais entre les glaces, les musiciens et les gigantesques ruines, les parents auront de quoi occuper leurs chérubins. Les enfants sont les bienvenus partout, et dans les restaurants personne ne voit d'inconvénient à ce qu'ils quittent la table pour jouer ensemble pendant que les adultes mangent.

ALEXANDROS MICHAILIDIS/SHUTTERSTOCK ©

Magie du cinéma

Les projections en plein air donnent une tout autre dimension au moindre blockbuster hollywoodien. Seuls les films destinés aux plus petits sont doublés ; tous les autres sont juste sous-titrés en grec.

Théâtre d'ombres

Cette forme de spectacle traditionnel plaît habituellement aux jeunes enfants. Les dialogues sont en grec, mais tout repose sur le comique de situation et la musique.

Activités

Theatro Skion Tasou Konsta Ce théâtre d'ombres situé dans le cadre familial du parc Flisvos se déplace l'hiver à Plaka. (p. 171)

Centre culturel Melina Merkouri Spectacle de théâtre d'ombres dominical toute l'année. (p. 152)

Cine Paris Un joli cadre pour voir des films en plein air dans le centre-ville. (p. 94)

Espaces verts

Jardin national Terrain de jeu, étang peuplé de canards et petit zoo. (p. 85)

Colline de Philopappos La vue sur l'Acropole est époustouflante. (p. 148)

Parc Stavros Niarchos Un grand parc moderne au sud du centre où louer des vélos. (p. 171)

Colline du Lycabette Un point de vue sur toute la ville, accessible en funiculaire. (p. 105)

Latraac Un café avec une rampe de skate. (p. 165)

Musées et sites

Musée d'Art enfantin grec Un espace dédié aux artistes en herbe. (p. 88)

Athens Happy Train Tous à bord du petit train ! (p. 88)

Voyage responsable

La vie à Athènes peut être dure. En faisant du tourisme, vous pouvez voir ce qui se passe et faire de votre mieux pour atténuer votre empreinte écologique et contribuer à améliorer la situation.

Soyez à l'écoute

Suivez l'actualité. Le quotidien *Kathemerini* est aussi édité en anglais (www.ekathimerini.com). Athènes possède un fort quota de librairies indépendantes axées sur la responsabilité sociale.

Renseignez-vous sur les organisations locales. Fenix Humanitarian Legal Aid (www.fenixaid.org), par exemple, vient en aide aux réfugiés.

Prêtez attention au street art. Dans toute la ville, vous verrez des graffitis et du street art qui expriment tous un point de vue.

Allégez votre empreinte carbone

Circulez en métro ou à vélo. Une piste cyclable relie Thisio à la côte. Plusieurs agences louent des vélos, comme Funky Ride (p. 178) et Solebike (p. 22).

Visitez des lieux conçus de manière écologique. Couvrant une colline artificielle, le parc Stavros Niarchos (p. 171) est sillonné de sentiers traversant des étendues de lavande, d'oliviers et d'autres plantes méditerranéennes.

Économisez l'eau. Réutilisez vos serviettes au lieu de les changer chaque jour.

Soutenez la vie locale

Choisissez des produits utiles. Wise Greece (www.wisegreece.com/en) consacre un pourcentage de ses profits à l'achat de denrées pour les personnes dans le besoin. Retrouvez ses produits au marché de Kypseli (agorakypselis.gr). Les sacs Waterbags (www.waterbags.gr) sont largement disponibles.

R NAGY/SHUTTERSTOCK

Soutenez les producteurs locaux. Faites vos courses aux laïki (laikesagores.gr). Ces marchés se tiennent une fois par semaine.

Intéressez-vous aux projets locaux. La galerie The Breeder (www.thebreedersystem.com) soutient la vie du quartier.

Contribuez

Dînez dans un établissement local à but non lucratif. Soutenez un projet social et environnemental permettant de former des sans-abris et des pauvres et de leur trouver du travail, en dînant au Shedia Home (p. 74).

Privilégiez les créateurs locaux. Le tourisme étant en plein essor, les artistes et créateurs conçoivent des articles sur le thème de la Grèce, comme ceux d'Athena Design Workshop (www.athenadesignworkshop.com) et Koukoutsi (p. 144).

Choisissez des produits écologiques. De plus en plus de produits, notamment cosmétiques, sont faits dans le respect de l'environnement. Vous en trouverez chez Apivita (www.apivita.com), Korres (p. 96) et Michalis Alexandrakis (p. 115).

Luttez contre le surtourisme

Visitez Athènes de septembre à avril pour éviter la haute saison.

Arrivez sur les sites à l'heure d'ouverture ou en fin de journée quand l'affluence est moindre.

Profitez des espaces verts : les collines de Philopappos (p. 148) et Lycabette (p. 105), le Jardin national (p. 85), le parc Stavros Niarchos (p. 171) et la colline de Strefi (p. 135).

Athènes en 4 jours

Jour 1

VIACHESLAV LOPATIN/SHUTTERSTOCK ©

Visitez le centre en commençant tôt le matin par l'**Acropole** (en photo ; p. 38). Redescendez par l'**Agora romaine** (p. 66) et l'**Agora antique** (p. 58). Après un souvlaki chez **O Thanasis** (p. 71) ou à la *taverna* **Maiandros** (p. 70), baladez-vous à Plaka dans la rue **Adrianou**.

De là, direction le **musée de l'Acropole** (p. 44) et ses chefs-d'œuvre. Au moment du coucher de soleil, rejoignez la foule le long de Dionysiou Areopagitou, puis montez au sommet de la **colline de Philopappos** (p. 148). Dînez chez **Strofi** (p. 48) ou au **Mani Mani** (p. 48).

Allez voir un film en plein air au **Thission** (p. 155) ou au **Cine Paris** (p. 94). Par temps frais, prenez un verre au **Brettos** (p. 91) ou au **Hitchcocktales** (p. 51).

Jour 2

HALAWI/SHUTTERSTOCK ©

Commencez par les trésors du **musée national d'Archéologie** (p. 130), puis retournez dans le centre jusqu'à la **tombe du Soldat inconnu** (en photo ; p. 84) et observez les evzones (gardes) en chaussures à pompon.

Traversez au sud le **Jardin national** (p. 85) jusqu'au **stade des Panathénées** (p. 122), puis continuez vers le **temple de Zeus olympien** (p. 118) et la **porte d'Hadrien** (p. 55).

Dînez au **Mavro Provato** (p. 124) à Pangrati ou au **Soil** (p. 124), puis entrez dans les bars du centre comme **The Clumsies** (p. 91), **Six d.o.g.s** (p. 72) et **Noel** (p. 72).

Jour 3

KIRILL SKOROBOGATKO/SHUTTERSTOCK ©

Explorez le **marché central d'Athènes** (en photo ; p. 76) et les rues commerçantes avoisinantes avant un déjeuner au **Diporto Agoras** (p. 77) ou au **Karamanlidika tou Fani** (p. 68).

Dirigez-vous vers Kolonaki pour une séance de lèche-vitrines ou la visite du **musée Benaki** (p. 102), du **musée d'Art cycladique** (p. 108) et du **Musée byzantin et chrétien** (p. 108). Sinon, gagnez la **Galerie nationale** (p. 122) pour découvrir la peinture grecque. Au coucher du soleil, montez en funiculaire sur la **colline du Lycabette** (p. 105), puis allez dîner au **Filippou** (p. 105) ou à l'**Oikeio** (p. 110).

Terminez par un cocktail à Syntagma, au **Dude Bar** (p. 71) ou au **Baba Au Rum** (p. 91). Pour une bière, rendez-vous à Psyrri.

Jour 4

MILAN GONDA/SHUTTERSTOCK ©

Le matin, découvrez le site archéologique de **Keramikos** (p. 158) et le **musée d'Art islamique** (en photo ; p. 163). Un bain au **Hammam** (p. 164) vous remettra en forme avant d'aller déjeuner à l'**Ivis** (p. 70) ou à l'**Atlantikos** (p. 68).

Des œuvres contemporaines vous attendent à l'**annexe Pireos du musée Benaki** (p. 163). Vous pourrez prendre un café sur place ou à l'**Upupa Epops** (p. 153), en face. Pour dîner, rejoignez le **Steki tou Ilia** (p. 152) à Thisio, le **Merceri** (p. 152) ou le **CTC Urban Gastronomy** (p. 165) à Keramikos (réservez).

Concluez la soirée à Gazi avec un DJ set au **Gazarte** (p. 168) ou au **Bios** (p. 169), du jazz à l'**Afrikana** (p. 169), ou dans un club, comme le **BeQueer** (p. 168).

Les basiques

Pour plus d'informations, voir le *Carnet pratique* (p. 173)

Population
Intra-muros : 664 000 ; Agglomération : 3,1 millions

Monnaie
Euro (€)

Langue
Grec

Formalités
Pas de visa pour les ressortissants de l'UE et les Suisses, ni pour les Canadiens séjournant moins de 90 jours.

Argent
On trouve surtout des DAB dans les quartiers commerçants.

Heure locale
La Grèce avance de 2 heures (GMT/UTC) en hiver, de 3 heures en été.

Téléphones portables
Le forfait des voyageurs européens fonctionne en Grèce. Les autres voyageurs doivent se renseigner sur les frais.

Pourboire
Arrondissez à l'euro supérieur si le service est compris. Sinon, ajoutez 10 à 20% de l'addition.

Budget quotidien

Moins de 130 €

Lit en dortoir : 32 €

Chambre double en pension : à partir de 75 €

Souvlaki ou pita : 2,50 €

Ouzo et en-cas : 3 €

Titre de transport valable 90 minutes : 1,20 €

De 130 à 250 €

Chambre double en hôtel de catégorie moyenne : 90-180 €

Repas dans les *tavernas* traditionnelles : 15-17 €

Entrée des sites et musées : 5-20 €

Taxi en ville : 9 €

Plus de 250 €

Chambre double en hôtel de catégorie supérieure : à partir de 180 €

Repas dans un restaurant branché : à partir de 30 €

Cocktail : 10 €

Visite guidée de l'Acropole : 75 €

À prévoir

Trois mois avant Réservez votre hôtel, surtout pour la période estivale.

Un mois avant Consultez le calendrier culturel et réservez un spectacle à l'Opéra national de Grèce, au Théâtre national ou au Megaron. Réservez pour une grande table.

Une semaine avant Renseignez-vous sur d'éventuelles grèves via Internet. www.apergia.gr est un site en grec qu'il faut traduire ou consultez la page Actualités sur le site de l'Ambassade de France https://gr.ambafrance.org/ ; réservez en ligne visites et billets pour voir l'Acropole.

Arriver à Athènes

Aéroport international Eleftherios Venizelos

À Spata, 27 km à l'est d'Athènes.

Métro 9 €, 50 minutes jusqu'à Monastiraki, toutes les 30 minutes, de 6h30 à 23h30.

Bus 5,50 €, 1 heure à 1 heure 30 jusqu'à Syntagma, toutes les 20 à 30 minutes, 24h/24.

Taxi Prix fixe jusqu'au centre jour/nuit 40/55 €, de 30 à 45 minutes.

Port du Pirée

Le principal port de Grèce, au sud-ouest d'Athènes.

Métro 1,20 €, 30 minutes jusqu'à Thissio, de 6h30 à 23h30.

Bus ordinaire 1,20 €, 50 minutes depuis le port du Pirée jusqu'à Syntagma.

Bus express 4,10 €, 30 minutes depuis le port de croisières jusqu'à Syntagma, de 7h à 21h15 de mai à octobre

Taxi 25 € au compteur, 20 minutes.

Comment circuler

Mieux vaut explorer le centre-ville à pied.

Métro

Trois lignes, accessibles en fauteuil roulant. Service de 5h à minuit, jusqu'à 2h le vendredi et le samedi dans le centre-ville.

Bus et trolleybus

Réseau complet mais pas de plan imprimé (utilisez Google Maps). Les trolleybus n^{os}2, 5, 11 et 15 sont les plus utiles.

Tramway

Lent trajet panoramique entre Syntagma et la côte, de 5h30 à 12h45 (jusqu'à 1h40 ven et sam en été).

Taxi

Bon marché. Hélez un véhicule dans la rue ou utilisez l'application **Beat** (www.thebeat.co/en) ou **Taxiplon** (www.taxiplon.gr/en). Supplément pour les bagages. Tarifs majorés de 60% la nuit et les jours fériés.

VIVOOO/SHUTTERSTOCK ©

Les quartiers d'Athènes

Monastiraki et Psyrri **(p. 57)**

Deux des quartiers les plus animés, hauts lieux du shopping athénien, avec au sud la superbe Agora antique.

Gazi, Keramikos et Metaxourgio **(p. 157)**

Le quartier industriel de Gazi est devenu celui des clubs, tandis que Keramikos et Metaxourgio sont connus pour leur vie nocturne plus agitée et leurs restaurants.

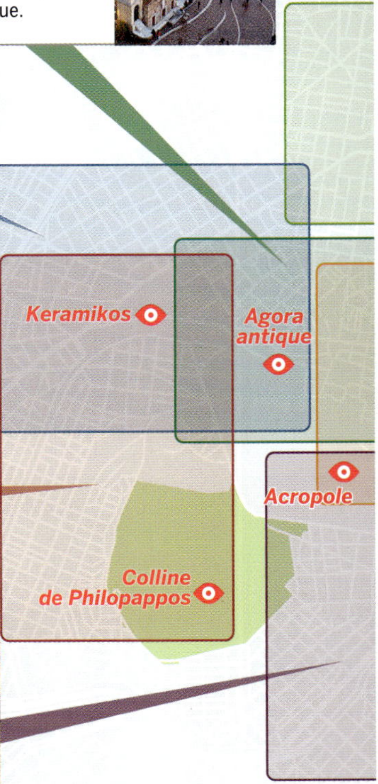

Colline de Philopappos, Thisio et Petralona **(p. 147)**

Un secteur paisible, entre versants semés de vestiges antiques donnant sur l'Acropole et agréables rues piétonnes aux cafés branchés.

Quartier de l'Acropole **(p. 37)**

Explorez la grandiose Acropole, merveille du monde antique, ainsi que ses trésors exposés dans le musée sur le flanc sud de la colline.

Omonia et Exarhia (p. 129)

À Omonia, découvrez la collection du musée national d'Archéologie, avant de vous plonger dans l'ambiance bohème d'Exarhia.

Kolonaki (p. 101)

Synonyme de chic, d'élégance et d'élitisme, ce quartier verdoyant s'enorgueillit aussi de quelques-uns des plus beaux musées d'Athènes, dont le musée Benaki.

Syntagma et Plaka (p. 79)

Syntagma est le cœur de l'Athènes moderne, tandis que les ruelles, les églises et les *tavernas* de Plaka en font le secteur touristique par excellence.

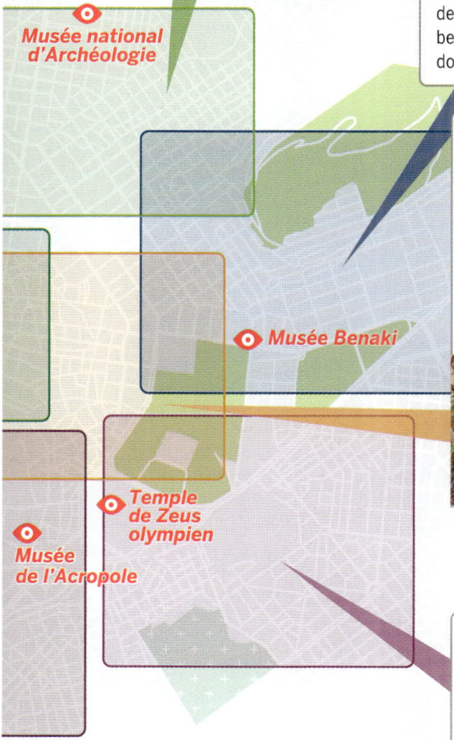

Mets et Pangrati (p. 117)

Ces deux jolis quartiers émaillés de restaurants sans prétention se déploient autour du stade des Panathénées.

Explorer Athènes

Vue de l'Acropole (p. 38) ADRIENNE PITTS/LONELY PLANET ©

Explorer

Quartier de l'Acropole

La grandiose Acropole, dont le Parthénon est le fleuron, domine Athènes. Sur le versant sud de la colline, un musée moderne renferme ses trésors. Très fréquentée par les touristes, la promenade qui relie les deux sites est aussi appréciée des Athéniens qui y flânent au crépuscule. Les quartiers de Makrygianni et Koukaki, plus au sud, sont résidentiels.

Notre sélection

- ***Acropole (p. 38)*** *Empruntez les marches en marbre menant à la cité sur la colline, comme les fidèles le faisaient il y a 2 500 ans.*
- ***Parthénon (p. 39)*** *Vous aurez l'impression d'être une fourmi à côté de ce temple emblématique de la Grèce antique.*
- ***Musée de l'Acropole (p. 44)*** *Admirez au dernier étage la frise qui ornait le fronton du Parthénon.*
- ***Odéon of Hérode Atticus (p. 47)*** *Assistez à un concert par une douce soirée d'été dans ce théâtre classique à ciel ouvert.*
- ***Solebike (p. 22)*** *Découvrez les sites d'Athènes sur un vélo électrique.*

Comment s'y rendre et circuler

Ⓜ La station Akropoli (ligne rouge) se trouve à proximité du musée de l'Acropole, ainsi que de l'entrée est de l'Acropole, à deux pas de la grande avenue Leoforos Syngrou.

Ⓜ Des stations Monastiraki et Thissio (lignes bleue et verte), un agréable trajet à pied conduit à l'entrée ouest de l'Acropole.

Plan du quartier de l'Acropole p. 46

Le portique des Caryatides, Acropole MIRIAM GIMBEL/SHUTTERSTOCK ©

Les incontournables

Explorer la Grèce antique à l'Acropole

L'Acropole est un des sites antiques fondateurs du monde occidental. Couronnée par le Parthénon, visible de presque partout à Athènes, la "ville haute" veille sur la capitale telle une sentinelle austère. Ses temples en marbre pentélique brillent de toute leur blancheur dans le soleil de midi et prennent progressivement une teinte de miel à mesure que le soir tombe, pour s'éclairer la nuit venue.

PLAN P. 46, B1

odysseus.culture.gr

tarif plein/réduit/enfant
20 €/10 €/gratuit

Propylées

Construites par Mnésiclès entre 437 et 432 av. J.-C., ces portes monumentales composées d'un corps central flanqué de deux ailes constituaient les seules entrées vers la "ville haute" et la voie des Panathénées. Le plafond de la salle centrale était orné d'étoiles dorées peintes sur un fond bleu. L'aile nord servait de pinacothèque.

Porte Beulé et monument d'Agrippa

La porte Beulé (du nom de l'archéologue français qui la découvrit en 1852) se dresse au pied de l'escalier qui menait aux Propylées. À mi-parcours, le socle de 8 m de hauteur supportait le monument d'Agrippa, une statue en bronze érigée en 27 av. J.-C. pour commémorer la victoire du général romain lors des Panathénées.

Temple d'Athéna Nikè

Ce petit temple en marbre pentélique, aux proportions exquises, fut conçu par Callicratès et érigé vers 425 av. J.-C. Il fut restauré trois fois. Les derniers travaux eurent lieu en 2003. Sa cella abritait une statue en bois d'Athéna Victorieuse (Nikè) et une frise extérieure dépeignait des scènes de la mythologie, la bataille de Platée (479 av. J.-C.), ainsi que les Athéniens luttant contre les Béotiens et les Perses. Des fragments de la frise se trouvent au musée de l'Acropole, de même qu'une superbe représentation de la déesse ajustant sa sandale.

Parthénon

Le Parthénon symbolise toute la gloire de la Grèce antique. Dédié à Athéna Parthénos, déesse incarnant le pouvoir et le prestige de la cité, il est l'un des plus grands temples doriques

★ À savoir

- Arrivez le matin ou en fin de journée. Comptez environ 1 heure 30 pour la visite.
- L'entrée principale est celle de Dionysiou Areopagitou, près de l'Odéon d'Hérode Atticus. Il y a parfois moins de monde à l'entrée est, non loin de la station de métro Akropoli.
- Les gros sacs doivent être contrôlés à l'entrée principale.
- Un ascenseur permet l'accès du site aux personnes en fauteuil roulant ; téléphonez avant (☎ 210 321 4172).
- Achetez un billet en ligne (etickets.tap.gr), ou dans un site plus petit pour éviter la file d'attente aux guichets de l'Acropole.
- Les horaires et les jours de gratuité sont indiqués sur odysseus.culture.gr.

Une petite pause ?

Arrêtez-vous au Dionysos (p. 48) pour un café avec vue sur l'Acropole. Ou optez pour un déjeuner au Mani Mani (p. 48).

en Grèce. Créé par les architectes Ictinos et Callicratès pour être le fleuron de l'Acropole, le Parthénon fut achevé à l'occasion des Grandes Panathénées de 438 av. J.-C., fêtes célébrées tous les quatre ans en l'honneur de la déesse de la cité.

Colonnes du Parthénon

Le temple est soutenu par d'impressionnantes colonnades doriques, composées de huit colonnes cannelées sur la largeur et dix-sept sur la longueur. Pour donner à l'ensemble une forme parfaite, les lignes ont été incurvées : les fondations (comme toutes les surfaces horizontales de l'édifice) sont légèrement concaves et les colonnes légèrement convexes, de telle sorte que l'ensemble paraît droit, sans l'être vraiment. Sous la direction de Phidias, Agoracrite et Alcamène sculptèrent les frontons, les frises et les métopes, qui furent ensuite rehaussés d'or et de couleurs vives.

Frontons du Parthénon

Des sculptures délicates en haut-relief ornaient à l'origine les deux frontons du temple. Le fronton ouest représentait la dispute d'Athéna et de Poséidon pour le patronage de la cité, et le fronton est la naissance d'Athéna, sortie de la tête de Zeus. On peut voir les vestiges des frontons et les autres sculptures du site au musée de l'Acropole.

Métopes et frises

Conçues par Phidias, les métopes sont des panneaux sculptés placés entre les triglyphes cannelés. Les métopes du côté est représentent

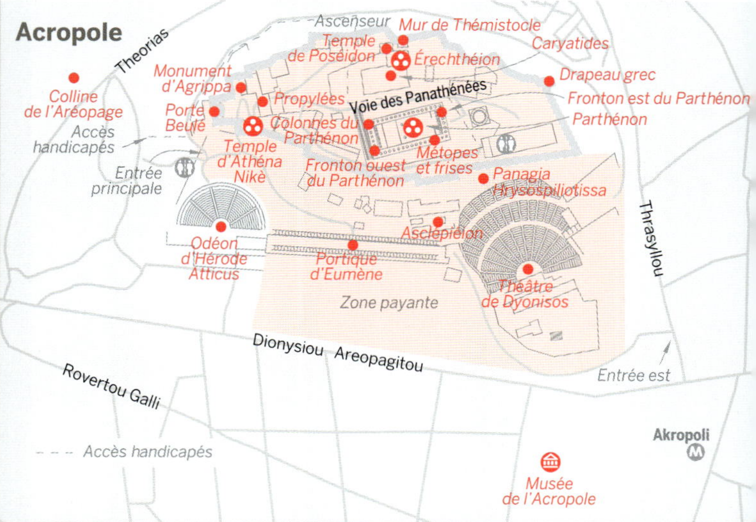

L'histoire de l'Acropole

Affrontement pour Athènes

La création d'Athènes est enveloppée de mythes. Après que le Phénicien Cécrops eut fondé une ville sur un énorme rocher près de la mer, les dieux de l'Olympe proclamèrent qu'elle devait hériter du nom de la divinité qui ferait le don le plus précieux aux mortels. Athéna (déesse de la Sagesse) leur donna l'olivier, symbole de paix et de prospérité. Poséidon, le dieu de la Mer, frappa un rocher de son trident, faisant jaillir une source d'eau salée, évocation de la puissance maritime (ou, selon certaines versions, un cheval). Les dieux jugèrent que le don d'Athéna serait plus utile aux habitants, car il leur fournirait nourriture, huile et bois.

Construction de l'Acropole

Le site fut peuplé dès le néolithique (4000-3000 av. J.-C.). Les premiers temples furent érigés à l'époque mycénienne en hommage à la déesse Athéna. L'Acropole fut habitée jusqu'à la fin du VIe siècle av. J.-C., mais, en 510 av. J.-C., l'oracle de Delphes annonça que la colline devait être uniquement le domaine des dieux.

Les Perses ayant réduit en cendres tous les édifices de l'Acropole à la veille de la bataille de Salamine (480 av. J.-C.), Périclès mit en œuvre un ambitieux programme de reconstruction. Il transforma la ville haute en un sanctuaire florissant, marquant ainsi l'apogée architectural de l'âge classique grec. Les meilleurs architectes, sculpteurs, ainsi que les matériaux les plus nobles furent employés à la réalisation de ce projet. Athènes abritait au temps de sa splendeur une profusion d'édifices colorés et de statues monumentales peintes, certaines en bronze, d'autres en marbre plaqué d'or et incrustées de pierres précieuses.

Conservation du site

Les années d'occupation étrangère, les restaurations inappropriées, l'afflux de visiteurs, les séismes et, plus récemment, les pluies acides et la pollution ont endommagé les monuments. Mais la pire épreuve eut lieu en 1687, quand les Vénitiens firent feu sur l'Acropole, provoquant une explosion dans le Parthénon, où les Ottomans entreposaient de la poudre à canon. En 1801, lord Elgin s'empara d'un fragment des frises du Parthénon, exposé aujourd'hui encore au British Museum malgré la demande de restitution de la Grèce.

Inscrite au patrimoine mondial de l'Unesco en 1987, l'Acropole est actuellement l'objet de travaux de restauration de grande ampleur. La plupart de ses statues et frises d'origine ont été transférées au musée de l'Acropole et remplacées par des répliques.

les combats des géants et les dieux de l'Olympe. À l'ouest, on y voit Thésée menant les jeunes Athéniens à la bataille contre les Amazones. Ceux du sud illustrent l'affrontement des Lapithes et des Centaures lors d'un banquet de noce, et ceux du nord, le pillage de Troie. La cella (salle abritant la statue de la déesse) était surmontée d'une frise ionique dépeignant la procession des Panathénées.

Statue d'Athéna Parthénos

Jadis située au centre du temple érigé en son honneur, la statue d'Athéna Parthenos (Athéna la Vierge) était considérée comme l'une des merveilles de l'Antiquité. Conçue par Phidias et achevée en 432 av. J.-C., elle se dressait à presque 12 m sur son piédestal et était recouverte d'or. Son visage, ses mains et ses pieds étaient en ivoire, et ses yeux en pierres précieuses. En 426, la statue fut transportée à Constantinople, où elle disparut.

Érechthéion

Achevé vers 406 av. J.-C., ce sanctuaire fut édifié sur la partie la plus sacrée de l'Acropole, où Poséidon avait frappé le sol de son trident, et où Athéna avait fait naître l'olivier (voir p. 39). Le temple était consacré au culte d'Athéna, de Poséidon et d'Érechthée, roi mythique d'Athènes. Ce magnifique exemple d'architecture ionique a été construit sur plusieurs niveaux pour compenser l'irrégularité du terrain.

Portique des Caryatides

L'Érechthéion se reconnaît d'emblée aux six caryatides (415 av. J.-C.) qui soutiennent son portique sud. L'allure de ces jeunes filles a été inspirée de celle des femmes de Caryes (l'actuelle ville de Karyès, en Laconie). On pense que chacune devait porter un bol de libation dans une main et retenir son drapé de l'autre. Celles que l'on voit sont des reproductions en plâtre ; les originaux (à l'exception de celle retirée par lord Elgin et exposée au British Museum) se trouvent au musée de l'Acropole.

Temple de Poséidon

La cella de Poséidon est accessible par un petit escalier contre l'enceinte. Le porche nord de l'Érechthéion est formé de six colonnes ioniques. La fissure du sol serait la trace laissée par le trident de Poséidon luttant contre Athéna ou par la foudre que Zeus envoya pour tuer Érechthée.

Mur de Thémistocle

Le général Thémistocle (524-459 av. J.-C.) s'empressa d'édifier un mur de protection autour de l'Acropole, n'hésitant pas à utiliser pour ce faire des vestiges de temples plus anciens. En bas de la colline, depuis Monastiraki, on aperçoit des tambours de colonne incrustés dans l'enceinte du côté nord de l'Érechthéion.

Odéon d'Hérode Atticus

Érigé en 161 par le riche Romain Hérode Atticus en mémoire de son épouse Regilla, ce grand théâtre a été fouillé en 1857-1858 et entièrement restauré dans les années 1950. Plus grand édifice du versant sud, l'Odéon est toujours en activité (p. 47) et peut accueillir jusqu'à 5 000 spectateurs.

Asclépiéion et portique d'Eumène

À l'est de l'Odéon, des marches mènent à l'**Asclépiéion**, temple érigé autour d'une source sacrée. Le culte d'Esculape, médecin et fils d'Apollon, naquit à Épidaure et fut introduit à Athènes en 429 av. J.-C., alors qu'une épidémie de peste ravageait la ville. Sous l'Asclépiéion se dresse le portique édifié par Eumène II, roi de Pergame (197-159 av. J.-C.), pour servir d'abri et de promenade aux spectateurs.

Théâtre de Dionysos

Le théâtre en bois (Dionysiou Areopagitou) bâti ici au VIe siècle av. J.-C. aurait été le plus ancien au monde. Reconstruit en pierre et en marbre entre 342 et 326 av. J.-C., il avait une capacité de 17 000 places sur 64 rangées de gradins, dont une vingtaine existent encore. Un autel à Dionysos se dressait au milieu de l'orchestre.

Trônes et sculptures du théâtre de Dionysos

Sur les trônes en marbre pentélique du premier rang siégeaient les dignitaires et les prêtres. Le plus majestueux, orné de pattes de lion, de satyres et de griffons, était réservé au prêtre de Dionysos. À l'arrière de la scène, des bas-reliefs du IIe siècle av. J.-C. dépeignent les exploits du dieu.

À l'abri près de la billetterie se tiennent deux statues de Silène, satyre et père adoptif de Dionysos, qui n'aimait rien tant que poursuivre les nymphes de ses assiduités.

Odéon d'Hérode Atticus

Les incontournables

Examiner les trésors du musée de l'Acropole

Ce musée dernier cri, renfermant les trésors de la colline sacrée, met l'accent sur l'Acropole du Ve siècle av. J.-C., période de l'apogée artistique de la Grèce. Plusieurs strates historiques se dévoilent. Il est possible d'admirer les vestiges souterrains à travers les sols transparents et l'Acropole par les baies vitrées. Les chefs-d'œuvre demeurent ainsi dans leur cadre d'origine.

PLAN P. 46, C3

www.theacropolismuseum.gr

tarif plein/réduit 5-10/3-5 € selon saison

Première galerie

Dans cette galerie au sol en verre, révélant des ruines en contrebas, sont rassemblés divers objets exhumés sur les pentes de l'Acropole. Parmi eux figurent deux statues en terre cuite de Nikè (près de l'entrée) et des offrandes votives provenant des sanctuaires.

Galerie archaïque

Le 1er étage est une véritable forêt de statues, la plupart découvertes dans une même fosse sur l'Acropole. D'étonnants exemples de korê (statue de jeune fille debout) du VIe siècle av. J.-C. portent de gracieux drapés et des tresses élaborées tombant sur leurs épaules. Le Moscophore (environ 570 av. J.-C.), un kouros portant un veau, fait partie des rares effigies masculines mises au jour.

Trésors des temples antérieurs

La galerie recèle aussi des figurines de bronze et d'autres objets provenant de temples antérieurs au Parthénon, notamment la magnifique sculpture d'Hercule tuant l'Hydre de Lerne.

Caryatides

Sur la mezzanine sont exposées cinq caryatides, les vierges qui soutenaient l'Érechthéion. La 6e se trouve au British Museum.

Galerie du Parthénon

Point d'orgue du musée, l'atrium en verre du dernier étage donne à voir les sculptures et métopes du Parthénon, ainsi qu'une frise de 160 m de long illustrant la procession des Panathénées. L'ouverture du musée en 2007 permit d'exposer la frise dans son intégralité, ce qui n'était plus arrivé depuis près de trois siècles. Entre les fragments originaux, les moulages en plâtre blanc reconstituent les parties dérobées par lord Elgin en 1801, toujours conservées au British Museum.

★ À savoir

- L'achat de billets en ligne vous épargnera la file d'attente.
- Entrée gratuite pour les étudiants et les mineurs de l'UE ; tarif réduit pour les autres étudiants, les moins de 25 ans, les handicapés, et les plus de 65 ans de l'UE.
- Ne manquez pas le film retraçant l'histoire de l'Acropole (dernier étage), ni l'intéressante boutique du musée.
- Dernière entrée 30 minutes avant la fermeture. Les visiteurs doivent quitter les galeries un quart d'heure avant la fermeture.
- On peut monter au restaurant du dernier étage sans payer l'entrée au musée.

Une petite pause ?

Le café-restaurant du musée offre une vue superbe sur l'Acropole (plats 14-17 €). On peut manger à l'intérieur ou siroter un café sur la terrasse. Sinon, Mikro Politiko (p. 49) sert de bons souvlakis.

A
B
C
D
1
2
3
4
5
6
0
200 m
2 Colline de l'Aréopage
Acropole
5 Odéon d'Hérode Atticus
PLAKA
Theorias
Thespidos
Afroditis
Goura
Thrasyllou
Vyronos
Frynihou
Dionysiou Areopagitou
Musée d'Orfèvrerie Ilias Lalaounis
3
Kallisperi
Rovertou Galli
Fratti
Karyatidon
Musée de l'Acropole
Akropoli
Makri
Tzireon
Diakou Ath
Porinou
Lembesi
Hatzihristou
Colline de Philopappos
MAKRYGIANNI
Garivaldi
Kavalloti
Propyleon
Erehthiou
Parthenos
Petmeza
Zitrou
Strateon
Athens Adventures
4
Funky Ride
Lossif Rogon
Vourvahi
Koryzi
Tsami Karatasou
Mouson
Drakou
Liakou
Veïkou
Dimitrakopoulou N
Falirou
Leof Andreas Syngrou
Petmeza
Nakou
Gioni
Zaharitsa
Markou Botsari
S Kontouli
Plateia Gargarettas
Kallirrois
Plateia Ag Pandeleimonos
Dikeou
Botsari Noti
Botsari Tousa
Sismani
Iras
Alkimou
Inglesi
Plateia Kynosargous
Aglaonikis
KOUKAKI
Androutsou Od
Falirou
Sygrou-Fix
Tymfristou
Sehou D
Irakleous
Klada
Theonos
Zan Moreas
Falirou
Zini
1 Musée national d'Art contemporain
Fotomara
Ekateou
Leof Andreas Syngrou
Andisthenous
Frantzi Amvrosiou
Lysimahias
Tharypou
Nos adresses
Les incontournables p. 38
Voir p. 47
Se restaurer p. 48
Prendre un verre p. 50
Sortir p. 52
Shopping p. 52

Voir

Musée national d'Art contemporain MUSÉE

1 PLAN P. 46, B5

Ouvert dans l'ancienne brasserie Fix, ce musée contemporain a été complètement rénové et abrite depuis 2020 des galeries modernes accueillant des expositions temporaires d'art grec et international : peintures, vidéos et architecture expérimentale, entre autres. (Kallirrois et Frantzi, Koukaki-Syngrou ; www.emst.gr ; tarif plein/réduit/enfant 8 €/4 €/gratuit)

Colline de l'Aréopage PARC

2 PLAN P. 46, A1

Cet affleurement rocheux en bas de l'Acropole offre une vue splendide sur l'Agora antique. D'après la mythologie, c'est ici qu'Arès fut jugé et acquitté par le conseil des dieux pour le meurtre d'Halirrhotios, le fils de Poséidon, qui avait violé sa fille Alcippe.

Musée d'Orfèvrerie Ilias Lalaounis MUSÉE

3 PLAN P. 46, B2

Ce musée plaira aux personnes férues de mode. Ilias Lalaounis, connu pour ses bijoux en or classiques d'inspiration grecque, a réalisé des parures pour Elizabeth Taylor et Melina Mercouri, entre autres.

Le drapeau de l'Acropole

Le grand drapeau grec à l'extrémité est de l'Acropole rappelle l'acte de résistance de deux adolescents qui, en 1941, au début de l'occupation nazie, montèrent au sommet du site pour y faire flotter les couleurs nationales. Une plaque en cuivre à proximité commémore l'événement.

Le musée abrite quelque 4 500 pièces rappelant aussi bien des fleurs des champs que des motifs précolombiens.(Kallisperi 12, angle Karyatidon, Makrygianni ; www.lalaounisjewelrymuseum.gr ; tarif plein/enfant 5 €/gratuit)

Athens Adventures VISITES

4 PLAN P. 46, C3

L'équipe de l'auberge de jeunesse Athens Backpackers propose une visite à pied d'Athènes (7 € ; 10h lun-sam) très populaire, au départ de l'Athens Sports Bar. (Makri 12, Makrygianni ; athensadventures.gr)

Odéon d'Hérode Atticus THÉÂTRE

5 PLAN P. 46, A1

Le riche Romain Hérode Atticus fit bâtir cet amphithéâtre en l'an 161 à la mémoire de sa femme Regilla. Mis au jour en 1857-1858, l'édifice fut restauré dans les années 1950. (Herodeon)

Balade à vélo

Louez un vélo chez **Funky Ride** (Plan p. 46, C3 ; www.funkyride.gr) pour admirer le quartier de l'Acropole, cheveux au vent, ou, puisque Athènes est bâtie sur des collines, préférez un vélo électrique de **Solebike** (p. 22). Ce dernier offre des visites guidées en anglais, français, italien et espagnol.

Se restaurer

Mani Mani GREC €€

6 PLAN P. 46, C3

Dans un cadre élégant, au 1er étage, ce délicieux restaurant moderne s'est spécialisé dans la cuisine du Magne (région du Péloponnèse). Le poulet farci aux champignons et au pecorino et l'*orzo* (orge) aux fruits de mer et au fenouil sont un délice. (Falirou 10, Makrygianni ; www.manimani.com.gr)

Point a MÉDITERRANÉEN €€

7 PLAN P. 46, C3

Le restaurant sur le toit de l'**Herodion Hotel** (www.herodion.gr), dont la vue somptueuse embrasse l'Acropole et son musée, attire une clientèle de visiteurs et d'habitués. Ses fameux "tapas cocktails" sont servis avec des amuse-bouches, tels que *loukoumades* (beignets) fourrés au fromage *manouri* d'Elassona. On peut aussi commander des versions créatives de spécialités grecques et méditerranéennes. (Rovertou Galli 4a ; acropolispoint.com ;)

Veganaki VÉGÉTARIEN €

8 PLAN P. 46, D3

Ce nouveau restaurant végan d'Athènes est un lieu convivial et calme, bien qu'il donne dans une rue animée. Les clients y dégustent des wraps et des assiettes de falafels, des sandwichs et les traditionnels feuilletés grecs, dont certains sans gluten, ainsi qu'un délicieux café bio équitable. (Athanasiou Diakou 38; www.facebook.com/VeganakiGR)

Dionysos Zonar's MÉDITERRANÉEN €€€

9 PLAN P. 46, A2

Juste en face de l'entrée principale de l'Acropole, Dionysos Zonar's est le lieu de prédilection des groupes de touristes à l'heure du déjeuner. Mieux vaut venir à l'heure du café ou en soirée, quand les bus sont partis, et profiter à l'aise de la vue imprenable sur le versant sud du site. Cuisine chère mais savoureuse et service attentif. (Rovertou Galli 43, Makrygianni ; www.dionysoszonars.gr)

Strofi GREC €€

10 PLAN P. 46, A2

Réservez pour profiter de la vue sur le Parthénon depuis le toit de cette jolie demeure, rénovée avec goût. Une cuisine simple de viandes et poissons grillés, mais le cadre élégant, les nappes blanches et le service affable ajoutent à l'ambiance romantique. (Rovertou Galli 25, Makrygianni ; www.strofi.gr)

Peas
VÉGÉTARIEN €

11 PLAN P. 46, B4

Aussi appelé "Vegan & Raw", ce restaurant joyeux et minuscule est une oasis pour ceux qui souhaitent des plats grecs sans produits animaux (souvlakis de seitan ou de champignons, burgers végétariens et excellentes salades) ou des crudités (nouilles de courgettes aux herbes et parmesan de noix de cajou). (Falirou 40, Koukaki ; peas.gr)

Mikro Politiko
RESTAURATION RAPIDE €

12 PLAN P. 46, D2

Une aubaine après la visite de l'Acropole, ce fast-food au personnel aimable propose des souvlakis, des falafels et des salades à base d'ingrédients frais, bien supérieurs à ceux de la concurrence. À emporter, ou dégustez votre en-cas sur les bancs à l'avant. (Dionysiou Areopagitou 8, Makrygianni)

Fresko Yogurt Bar
DESSERTS €

13 PLAN P. 46, D2

Le yaourt grec dans tous ses états : frais ou sous forme de smoothie, accompagné de nombreuses garnitures au choix, du chocolat à la marmelade de cerises noires. Très rafraîchissant après la visite de l'Acropole. (Dionysiou Areopagitou 3, Makrygianni ; www.freskoyogurtbar.gr)

Greek Stories
GREC €€

14 PLAN P. 46, C3

Greek Stories se démarque des nombreux pièges à touristes proches du musée de l'Acropole par ses recettes créatives de plats grecs classiques. L'accueil est chaleureux et l'endroit imbattable pour observer les passants. (Makrygianni 17-21 ; www.facebook.com/greekstoriesrestaurant)

Aglio, Olio & Peperoncino
ITALIEN €€

15 PLAN P. 46, D3

Les pâtes sans prétention et autres plats simples de cette chaleureuse trattoria satisferont votre appétit à prix raisonnable. Ajoutez à cela le plaisir de manger dans une rue tranquille, à l'abri des rabatteurs de restaurants qui sévissent devant le musée de l'Acropole voisin. Fermé en août. (Porinou 13, Makrygianni ; www.facebook.com/lapastadiiraklis)

Une pause au calme

La rue Drakou, une voie piétonnière arborée entre Veïkou et Leoforos Syngrou, est jalonnée de bars et de cafés. Aucun ne sort véritablement du lot, mais le secteur a l'avantage d'échapper à la cohue touristique.

Billets couplés

Sites archéologiques Un billet à 30 € donne accès aux lieux qui suivent :

- **Acropole** (p. 38)
- **Agora antique** (p. 58)
- **Agora romaine** (p. 66)
- **Bibliothèque d'Hadrien** (p. 67)
- **Keramikos** (p. 158)
- **Temple de Zeus olympien** (p. 118)
- **Lycée d'Aristote** (p. 109)

Valable cinq jours, le billet est en vente dans chacun des sites ou en ligne.

Musées Le billet (15 €), valable trois jours, donne accès aux musées suivants :

- **Musée national d'Archéologie** (p. 130)
- **Musée byzantin et chrétien** (p. 108)
- **Musée épigraphique** (p. 137)
- **Musée numismatique** (p. 108)

Fabrika tou Efrosinou

GREC **€€**

16 PLAN P. 46, A5

Baptisé du nom du saint patron des cuisiniers, ce restaurant sur deux niveaux met à l'honneur les ingrédients de qualité et les recettes grecques peu courantes. Quand tout est parfait, les plats copieux et sains avec légumes bio et fromages fermiers se marient à merveille avec les vins grecs et l'ambiance. (Anastasio Zini 34 & Androutsou 27, Koukaki ; www.fabricaefrosinou.gr)

Prendre un verre

Lotte Cafe-Bistrot

CAFÉ **€**

17 PLAN P. 46, B3

Loin des bruits de la ville, ce petit café charmant, décoré de vieux livres et de services à thé, dispose aussi de quelques tables sur un coin de trottoir à l'ombre des arbres. Carte de pâtisseries et d'en-cas maison (4-7 €). (Tsami Karatsou 2, Makrygianni ; wifi)

Little Tree Book Cafe

CAFÉ

18 PLAN P. 46, C3

Ce bar sympathique a la faveur des habitants du quartier, qui viennent pour les livres (parmi lesquels un bon choix de traductions du grec) et la conversation autant que pour l'excellent café, les cocktails et les en-cas. (Kavalloti 2, Makrygianni ; www.facebook.com/littletreebooksandcoffee)

Materia Prima

BAR À VINS

19 PLAN P. 46, B5

Loin de l'image traditionnelle des bars à vins, l'alternatif Materia Prima se consacre aux productions artisanales du monde entier dans un sobre décor tout en bois clair. (Falirou 68, Koukaki ; www.materiaprima.gr)

Hitchcocktales

BAR À COCKTAILS

20 PLAN P. 46, D3

Un bar de style industriel en béton brut, dans une rue tranquille, avec des coussins pour s'asseoir à l'extérieur et des scènes de films d'Alfred Hitchcock peintes à la bombe sur le mur d'en face. Le service est irréprochable et le fond musical plutôt swing, jazz, soul et funk – le volume sonore monte plus tard dans la soirée. (Porinou 10 ; www.facebook.com/hitchcock.athens)

Drupes & Drips

CAFÉ

21 PLAN P. 46, B3

Ce minuscule café/bar à vins est idéal pour prendre un café avant de grimper jusqu'à l'Acropole ou pour siroter un Aperol spritz ou un verre de vin en fin de journée sur le chemin du retour. Prenez aussi une petite assiette incluant en général du pain de la boulangerie Takis juste en face. (Zitrou 20 ; www.facebook.com/drupesdrips)

Sfika

CAFÉ-BAR-RESTAURANT

22 PLAN P. 46, B4

Difficile de faire plus local que la "Guêpe", une adresse de quartier au cadre jaune vif et à l'atmosphère étudiante alternative. Musique live à l'occasion. (Stratigou Kontouli 15, Makrygianni ; www.facebook.com/sfikapub)

Tiki Athens

BAR

23 PLAN P. 46, C3

Le décor kitsch, la carte d'inspiration asiatique et la jeune

Temple d'Athéna Nikè

clientèle alternative font de ce bar sur deux étages un endroit amusant pour prendre un verre. Des concerts ont généralement lieu le mercredi et le jeudi. (Falirou 15, Makrygianni ; www.tikiathens.com)

Duende

BAR

À l'écart de l'agitation touristique voisine, ce pub (voir 13 Plan p. 46, D2) intimiste a presque des allures de brasserie parisienne. Préférez le vin et le whisky aux cocktails et à la nourriture. Fermé l'été. (Tzireon 2, Makrygianni ; www.facebook.com/DuendeAthens)

Kinono

CAFÉ

24 PLAN P. 46, B4

Ce café/bar sur deux niveaux est très moderne : le bois blond et les éléments industriels sont adoucis par des plantes et des détails cosy. Apprécié pour ses cafés et cocktails, il fait partie des nombreux bons cafés qui se suivent. (Falirou 48, Koukaki ; www.facebook.com/kinonobar)

Promenade antique

Une promenade dans la rue piétonne Dionysiou Areopagitou au crépuscule permet de prendre le pouls d'Athènes sans avoir vu ses sites historiques. Alors que sur la colline, l'Acropole brille de tous ses feux, la rue est envahie par les touristes, les vendeurs d'en-cas, les musiciens et les couples se tenant par la main.
Au croisement avec la rue Parthenos, ne ratez pas le tracé des fondations d'une villa romaine aujourd'hui recouverte par la chaussée.

Sortir

Mikrokosmos

CINÉMA

25 PLAN P. 46, A5

Un super cinéma d'art et d'essai doté de sièges confortables et d'un bar. (Leoforos Syngrou 106, Koukaki ; www.mikrokosmoscinema.gr)

Koukles

SPECTACLE

26 PLAN P. 46, A5

Ce club est connu depuis longtemps pour ses spectacles de travestis kitsch qui ne débutent pas avant 1h du matin. (Zan Moreas 32, Koukaki ; www.facebook.com/Kouklesclubathens)

Shopping

Melissinos Art

CHAUSSURES

27 PLAN P. 46, E3

Pantelis Melissinos perpétue la tradition familiale initiée par son grand-père en 1920 en fabriquant les sandales rendues célèbres par son père Stavros, poète/cordonnier, qui créait des chaussures inspirées de l'Antiquité pour les stars d'Hollywood. (Tziraion 16, Psyrri ; www.melissinos-art.com)

Berceau du théâtre

Les Dionysies

Le premier théâtre au monde fut construit au VIe siècle av. J.-C. sur le versant sud de l'Acropole, après l'introduction des Dionysies (fêtes en l'honneur de Dyonisos) par le tyran Pisistrate. Athènes tout entière se regroupait pour assister à ces compétitions, où des hommes vêtus de peaux de chèvre chantaient et dansaient avant de laisser place à de grandes festivités. L'art dramatique tel que nous le connaissons remonte à ces concours de tragédie. Durant l'un d'eux, le poète et dramaturge Thespis aurait quitté le chœur pour intervenir seul au centre de la scène, devenant ainsi le premier véritable comédien de l'Histoire.

L'âge d'or

Durant l'âge d'or de la Grèce, au Ve siècle av. J.-C., la fête annuelle des Dionysies était l'un des événements majeurs dans la cité. Les hommes politiques patronnaient les tragédies d'Eschyle, de Sophocle et d'Euripide, ainsi que les comédies d'Aristophane. On venait de toute l'Attique pour y assister, aux frais de l'État.

Le théâtre grec contemporain

La capitale grecque jouit toujours d'une scène théâtrale de qualité. En été, le **Festival d'Athènes et d'Épidaure** (p. 22) donne lieu à des représentations d'œuvres antiques – et plus modernes – dans l'**Odéon d'Hérode Atticus** (p. 47), en même temps qu'au théâtre merveilleusement préservé d'Épidaure (Péloponnèse).

En hiver, les quelque 200 salles de la ville programment toutes sortes de pièces, de Sophocle à Beckett en passant par les dramaturges grecs contemporains. Le **Théâtre national** (p. 143) et le **Mégaron** (p. 19) sont les endroits où aller pour des représentations sous-titrées en anglais.

Lovecuts

VÊTEMENTS

28 PLAN P. 46, C3

La styliste grecque Maria Panagiotou fabrique ici de ravissants vêtements en coton à prix abordables, dont des sweat-shirts réversibles et des jupes et blouses aux imprimés fantaisie. (Veïkou 2, Makrygianni ; lovecuts.gr)

Promenade à pied

Athènes antique

La découverte des grands sites antiques de la ville peut être l'occasion d'une promenade bien remplie. Commencez par le temple de Zeus olympien, passez par le musée de l'Acropole, puis montez jusqu'à l'Acropole, avant de redescendre de l'autre côté de la colline sacrée, vers Plaka et Monastiraki, où se trouvent l'Agora romaine et l'Agora antique. Si vous n'avez qu'un seul jour pour les visites, suivez cet itinéraire.

La promenade

Départ Temple de Zeus olympien ; M Akropoli

Arrivée Agora antique ; M Monastiraki, Thissio

Distance 2,4 km

Durée 3 heures 30

❶ Temple de Zeus olympien

L'exceptionnel **temple de Zeus olympien** (p. 118), le plus grand temple de Grèce, possédait à l'origine 104 colonnes corinthiennes (il en subsiste 15). Commencée au VIe siècle av. J.-C., sa construction fut achevée par Hadrien, en 131.

❷ Porte d'Hadrien

Veillant sur la circulation, la **porte d'Hadrien** toute de marbre pentélique, fut érigée en 132 pour marquer la limite entre l'Athènes antique et la cité romaine.

❸ Musée de l'Acropole

Le **musée de l'Acropole** (p. 44) conserve d'inestimables sculptures provenant de la colline sacrée : caryatides, remarquables pièces issues des frontons, métopes et frises du Parthénon, etc.

❹ Théâtres antiques

De l'entrée est de l'Acropole, gravissez le versant sud pour explorer le **théâtre de Dionysos** (p. 43) – berceau de l'art dramatique – et le somptueux **Odéon d'Hérode Atticus** (p. 42 et 47).

❺ Acropole

L'**Acropole** (p. 38) est le plus grand site antique du monde occidental. Jetez un coup d'œil au petit temple restauré d'Athéna Nikè, puis franchissez les monumentales Propylées (portes) pour aller visiter le Parthénon et son voisin l'Érechthéion, doté d'un porche orné de statues de caryatides. Du sommet, par temps clair, on peut voir à des kilomètres à la ronde.

❻ Agora romaine

Quittez l'Acropole par la porte ouest pour rejoindre l'**Agora romaine** (p. 66), ancien forum d'Athènes construit au Ier siècle avant notre ère par l'empereur Auguste. La **tour des Vents** (p. 66), qui servait de cadran solaire, de girouette, de clepsydre et de boussole, en est l'édifice le plus remarquable.

❼ Agora antique

L'**Agora antique** (p. 58), haut lieu de la démocratie, de la philosophie et du commerce, englobe le superbe **temple d'Héphaïstos** et un excellent musée, dans le *stoa* du roi Attale.

Une petite pause ?

Optez pour le restaurant du musée de l'Acropole et sa vue magnifique sur le Parthénon. Sinon, **Maiandros** (p. 70), près de l'Agora antique, fait partie des nombreuses bonnes adresses du quartier où manger des mezze traditionnels.

Explorer

Monastiraki et Psyrri

La place animée de Monastiraki est un des grands carrefours d'Athènes. Les gens s'y rencontrent avant d'aller dans les bars et les restaurants de souvlakis voisins. La fascinante Agora antique (p. 58), haut lieu jadis de la vie sociale, s'étend au sud. Au nord et à l'ouest, le quartier de Psyrri semble décrépit avec ses graffitis. C'est pourtant l'un des plus vivants de la cité. Restaurants et bars y jouxtent les ateliers d'artistes.

Notre sélection

- ***Temple d'Héphaïstos (p. 59)*** *Prenez la pose devant l'un des temples les mieux conservés de Grèce, au sein de l'Agora antique, haut lieu de la démocratie.*
- ***Tour des Vents (p. 66)*** *Admirez l'ingéniosité de cette tour octogonale qui servait d'horloge et de girouette. Aujourd'hui, on y va pour ses magnifiques sculptures.*
- ***Art local (p. 77)*** *Regardez ce qui est exposé à l'A.antonopoulou.art, une des nombreuses galeries d'un quartier faisant la part belle au street art.*
- ***Souvlaki (p. 68)*** *Savourez les fameuses brochettes d'Athènes de Kostas, établissement réputé situé sur la Plateia Agia Irini.*

Comment s'y rendre et circuler

M La station Monastiraki (lignes bleue et verte) est la plus centrale.

M La station Thissio (ligne verte) est également pratique pour rejoindre Psyrri.

M La station Omonia (lignes verte et rouge) est plus proche du marché central et de la partie nord de Psyrri.

Plan de Monastiraki et Psyrri p. 64

Vue de l'Acropole depuis Monastiraki

Les incontournables

Entrer dans le passé à l'Agora antique

Place publique bâtie au VIe siècle av. J.-C., l'Agora était le centre de la vie politique et sociale de l'Athènes antique. Socrate y exposa sa philosophie et, en 49, saint Paul y prêcha le christianisme. Plus tard, les Ottomans construisirent un quartier sur le site, qui fut démoli après l'indépendance de 1830. Ce coin de verdure paisible recèle un temple bien restauré, un musée et une église byzantine du Xe siècle.

PLAN P. 64, D5

odysseus.culture.gr

Adrianou 24, Monastiraki

tarif plein/réduit/enfant
8 €/4 €/gratuit

Portique d'Attale

Ce majestueux portique (*stoa*, en grec) édifié par le roi Attale II Philadelphe, roi de Pergame (159-138 av. J.-C.), fut essentiellement une galerie marchande. Il abrite aujourd'hui le musée du site. Reconstruit à l'identique dans les années 1950 par l'American School of Archaeology, l'édifice compte 45 colonnes doriques au rez-de-chaussée et des colonnes ioniques dans sa partie supérieure.

Musée de l'Agora

Ce musée très riche est vite bondé quand les groupes de touristes affluent. Choisissez bien votre créneau. Le musée renferme de belles sculptures, dont une tête de Nikè en bronze aux yeux incrustés, et des objets de la vie quotidienne découverts sur place, notamment les premiers bulletins de vote en pierre, des monnaies et des figurines en terre cuite. Les pièces les plus anciennes datent de 4000 av. J.-C. Si la foule devient trop incommodante, montez tout en haut du bâtiment pour profiter d'une vue imprenable sur le site.

Ostraka

Parmi les curiosités du musée figurent des *ostraka* (sing : *ostrakon*), ces tessons de poterie utilisés pour voter le bannissement d'hommes politiques de la cité – dont dérive le mot ostracisme. Beaucoup portent le nom du trop ambitieux Thémistocle, exilé en 471 av. J.C., et l'un d'eux mentionne même Périclès, le père de la démocratie athénienne.

Temple d'Héphaïstos

À l'extrémité opposée (ouest) de l'Agora se dresse le temple dorique le mieux préservé de Grèce. Bâti en 449 av. J.-C. par Iktinos, architecte du Parthénon, et dédié au dieu du Feu Héphaïstos, le temple était entouré de fonderies et de forges. 34 colonnes soutiennent

★ À savoir

- L'entrée principale est sur Adrianou ; l'entrée sud n'ouvre qu'aux heures de grande affluence.
- Ne manquez pas de prendre en photo le temple d'Héphaïstos, l'un des mieux préservés de Grèce.
- L'évacuation du site débute 30 minutes avant la fermeture. En fin de journée, visitez d'abord le temple d'Héphaïstos et le portique d'Attale, puis les points plus centraux.
- Avis aux ornithophiles : tôt le matin, les arbres de l'Agora regorgent d'oiseaux.
- Les horaires changent parfois. Appelez ou vérifiez sur Internet.

Une petite pause ?

À l'écart des rues encombrées, le site en lui-même est une halte reposante. Choisissez l'un des cafés et restaurants de la rue Adrianou, comme Kuzina (p. 70). Dioskouri (p. 73) propose de bonnes boissons.

l'épistyle, et la frise du côté est illustre neuf des douze travaux d'Hercule. Transformé en église (Agios Georgios) au XIVe siècle, l'édifice accueillit en 1922-1923 des réfugiés en provenance d'Asie Mineure ; des photos de l'époque montrent des familles suspendant leur lessive entre les colonnes et des tentes blanches dressées le long du temple.

Fondations de portiques

Au nord-est du temple d'Héphaïstos reposent les fondations du portique de Zeus Éleuthère, où Socrate exposa sa philosophie. Plus au nord, on distingue celles du portique Basileios et du portique aux peintures (*Stoa Poikile*). Ce dernier doit son nom à ses fresques, réalisées par les meilleurs artistes de l'époque, et qui représentaient des scènes de batailles historiques et mythologiques.

Salle du Conseil et tholos

Des archéologues ont mis au jour le nouveau Bouleutérion (salle du conseil) au sud-est du temple d'Héphaïstos. Le sénat (créé par Solon) s'y réunissait, tandis que les chefs de gouvernement se rassemblaient dans la tholos, au sud – une rotonde à voûte arrondie.

Église des Saints-Apôtres

Cette charmante petite église byzantine, près de l'entrée sud, fut édifiée au début du XIe siècle pour commémorer l'enseignement de

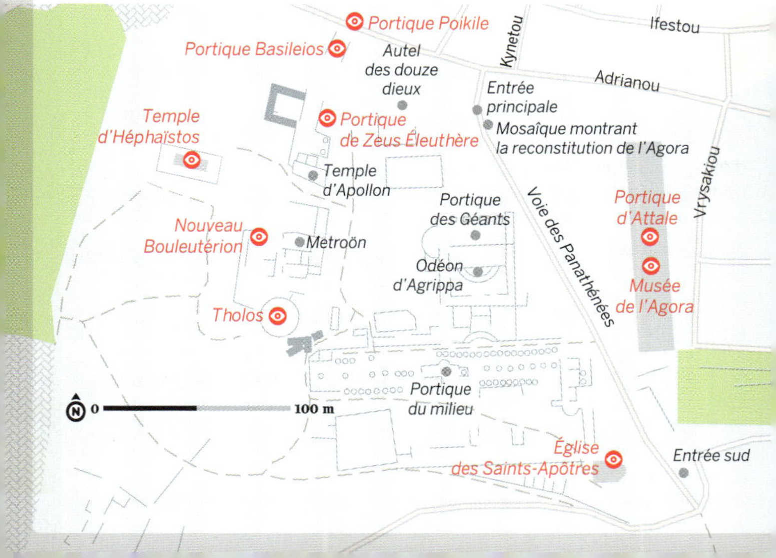

Les Panathénées

Dans l'Antiquité, la manifestation la plus impressionnante à Athènes était la procession des Panathénées, qui marquait l'apogée de la fête du même nom organisée en l'honneur d'Athéna, patronne de la cité. Le cortège, représenté en détail sur la frise du Parthénon longue de 160 m, visible au musée de l'Acropole (p. 44), traversait toute la ville en passant par l'Agora antique. Il existait en réalité deux célébrations distinctes : les Petites Panathénées, qui se déroulaient chaque année le jour anniversaire de la déesse, vers le mois de juillet, et les Grandes Panathénées, qui avaient lieu à la même date, mais tous les quatre ans.

Les secondes débutaient par des danses, suivies de compétitions athlétiques, théâtrales et musicales. Parmi les épreuves sportives organisées dans le stade des Panathénées (p. 122) à partir du IVe siècle av. J.-C., les athlètes pouvaient s'adonner au pentathlon (course à pied, disque, javelot, saut en longueur et lutte), au pancrace ou encore aux courses de chars. Les vainqueurs recevaient des amphores d'huile provenant des oliviers sacrés d'Athènes, dont on peut voir des exemplaires au musée national d'Archéologie (p. 130).

La procession des Panathénées

Le dernier jour, la procession partait du Dipylon de Keramikos, menée par des hommes transportant les animaux offerts en sacrifice à Athéna, suivis par des vierges chargées de *rhytons* (verres en forme de corne) et par des musiciens accompagnant les jeunes filles de noble extraction qui tenaient à bout de bras le péplos sacré (tunique brodée couleur safran), tissé de leurs mains au cours de l'année précédente.

Le cortège empruntait la voie des Panathénées, à travers l'Agora antique et l'Acropole. Le grand finale, réservé à une poignée d'élus, consistait à revêtir du péplos la statue d'Athéna Polias, dans l'Érechthéion.

saint Paul dans l'Agora. Ornée à l'extérieur de motifs orientaux en brique, elle subit de nombreux remaniements sous la domination ottomane. Entre 1954 et 1957, l'église fut dépouillée de ses ajouts du XIXe siècle et restaurée sous son aspect d'origine. Elle contient de jolies fresques byzantines, provenant d'une église détruite.

Promenade à pied

Shopping à Monastiraki et Psyrri

À la sortie de la station Monastiraki, on est aussitôt happé par la ville. Il suffit de lever les yeux pour apercevoir l'Acropole, d'alléchantes odeurs de souvlakis émanent de partout, des marchands de fruits et légumes jalonnent les rues... Venez si possible le dimanche matin pour le marché aux puces et prolongez la journée dans un café du quartier servant des mezze sur fond de musique.

La promenade

Départ Plateia Avyssinias

Arrivée Protogenous à Athinas

Distance 1 km

Durée une heure

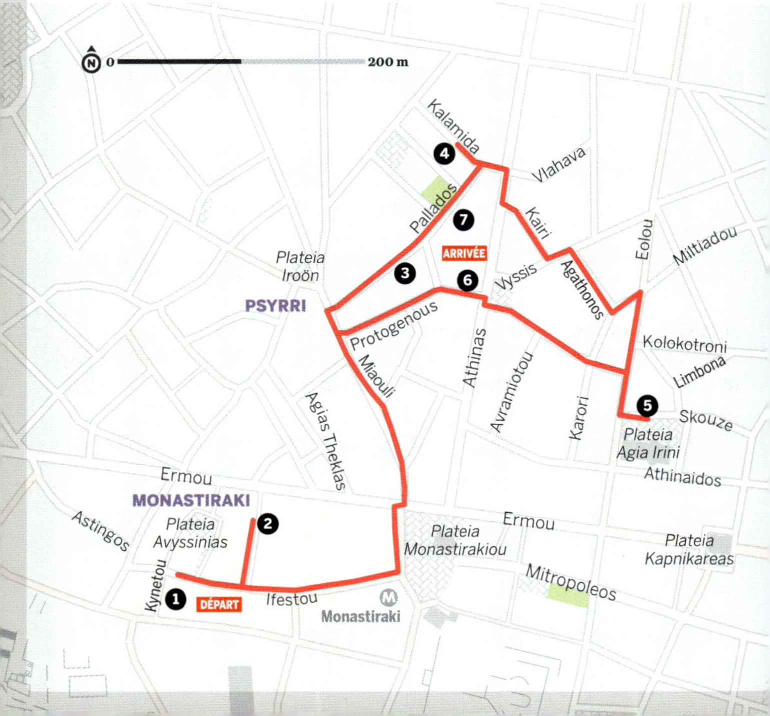

1 Marché aux puces de Monastiraki

La rue Ifestou est indiquée comme le marché aux puces d'Athènes, mais elle abrite essentiellement des magasins de souvenirs. En réalité, les brocanteurs déballent leurs marchandises sur la **Plateia Avyssinias** surtout le dimanche, où ils investissent également Astingos et les rues voisines.

2 Espaces polyvalents

Psyrri et Monastiraki comptent plusieurs espaces combinant galerie d'art, café-bar et commerces. Populaire, le **TAF** (p. 68) se compose de maisons du XIXe siècle à peine restaurées, d'une cour verdoyante idéale pour prendre un verre et d'une excellente boutique d'objets design.

3 Rues Pallados et Protogenous

Dans ces artères commerçantes, les traditionnels marchands de cordes ou de vannerie artisanale côtoient des boutiques beaucoup plus tendance comme **Color Skates** (Protogenous 5, Psyrri ;www.colorskates.com), spécialiste des planches à roulettes bigarrées, et **The Real Intellectuals** (Pallados 9 ; www.therealintellectuals.com), qui propose des équipements de moto rétro.

4 Pause dans un bar

Pour prendre un petit verre ou un café, faires une halte au **Juan Rodriguez Bar** (Pallados 3 ; www.facebook.com/juanrodriguezbar), dont la salle ornée est douillette en hiver. En été, les tables installées au milieu des vendeurs de plastique et d'étain permettent d'observer le spectacle de la rue.

5 Matériel d'équitation

Psyrri comporte certains secteurs très spécialisés. Chez **Chrisanthos** (Kalamida 3, Psyrri), vous trouverez toutes sortes d'accessoires équestres, ainsi que des articles artisanaux destinés aux ânes (brides, coiffes ornées...), aux bergers (cloches en bronze) et même des *komboloï*. Juste à l'angle, **Mompso** (Athinas 33, Psyrri ; mompso.com) propose le même genre d'articles, mais en version haut de gamme.

6 Les meilleurs souvlakis

Une petite faim ? Direction **Kostas** (p. 68), sur la jolie Plateia Agia Irini, où vous pourrez vous régaler de savoureux souvlakis de porc. Les végétariens se rabattront sur le *lahmajoun* (sorte de pizza levantine épicée) aux légumes de **Feyrouz** (Karori 23 ; www.feyrouz.gr ;), deux rues plus au nord.

7 Pour terminer en douceur

Rebroussez chemin jusqu'au petit glacier **Kokkion** (Protogenous 2, Psyrri ; www.kokkion.com) pour goûter des parfums fruités intenses (mandarine-gingembre par exemple) ou une glace au mastic (*kaimaki*). Mais vous pourrez aussi vous contenter d'un café.

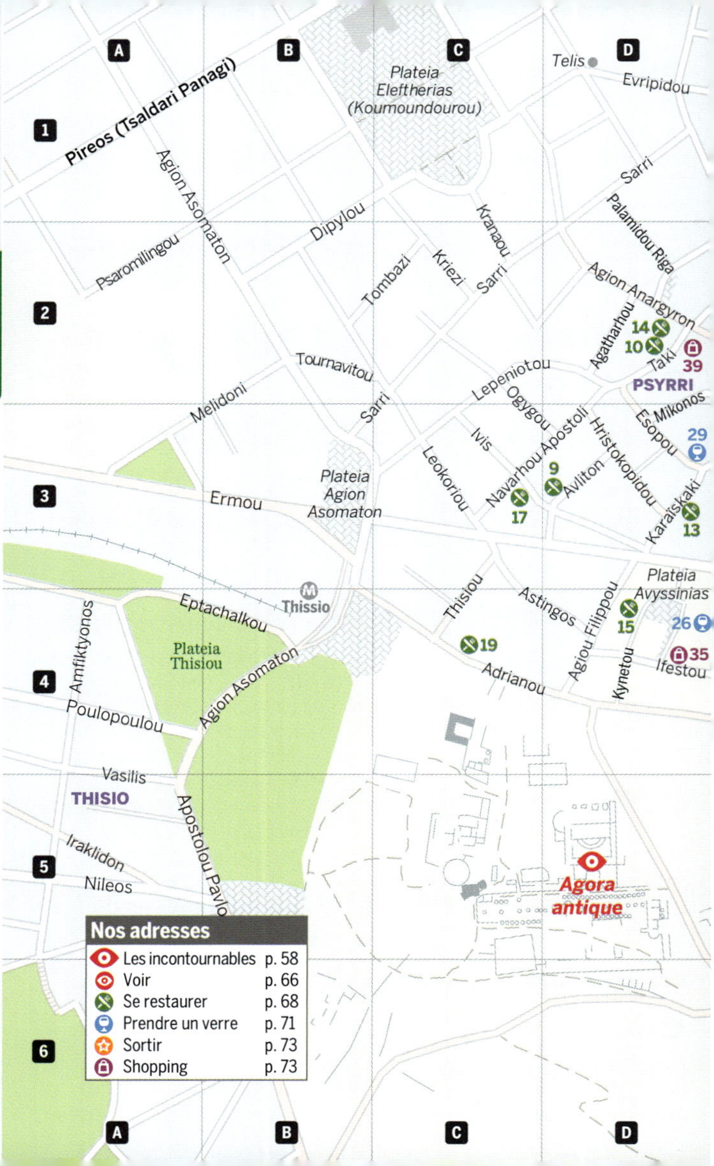
A
B
C
D
1
2
3
4
5
6
Pireos (Tsaldari Panagi)
Plateia Eleftherias (Koumoundourou)
Telis
Evripidou
Agion Asomaton
Sarri
Palamidou Riga
Dipylou
Kranaou
Psaromilingou
Tombazi
Kriezi
Sarri
Agion Anargyron
Agatharhou
14
10
Taki
39
Tournavitou
Lepeniotou
PSYRRI
Melidoni
Sarri
Ogygou
Mikonos
Esopou
Ivis
Apostoli
Hristokopidou
29
Leokoriou
Navarhou
9
Avliton
Plateia Agion Asomaton
Ermou
17
Karaïskaki
13
Plateia Avyssinias
Thisiou
Astingos
Agiou Filippou
15
26
Thissio
Eptachalkou
19
35
Plateia Thisiou
Ifestou
Amfiktyonos
Agion Asomaton
Adrianou
Kynetou
Poulopoulou
Vasilis
THISIO
Apostolou Pavlo
Agora antique
Iraklidon
Nileos
Nos adresses
Les incontournables p. 58
Voir p. 66
Se restaurer p. 68
Prendre un verre p. 71
Sortir p. 73
Shopping p. 73
A
B
C
D

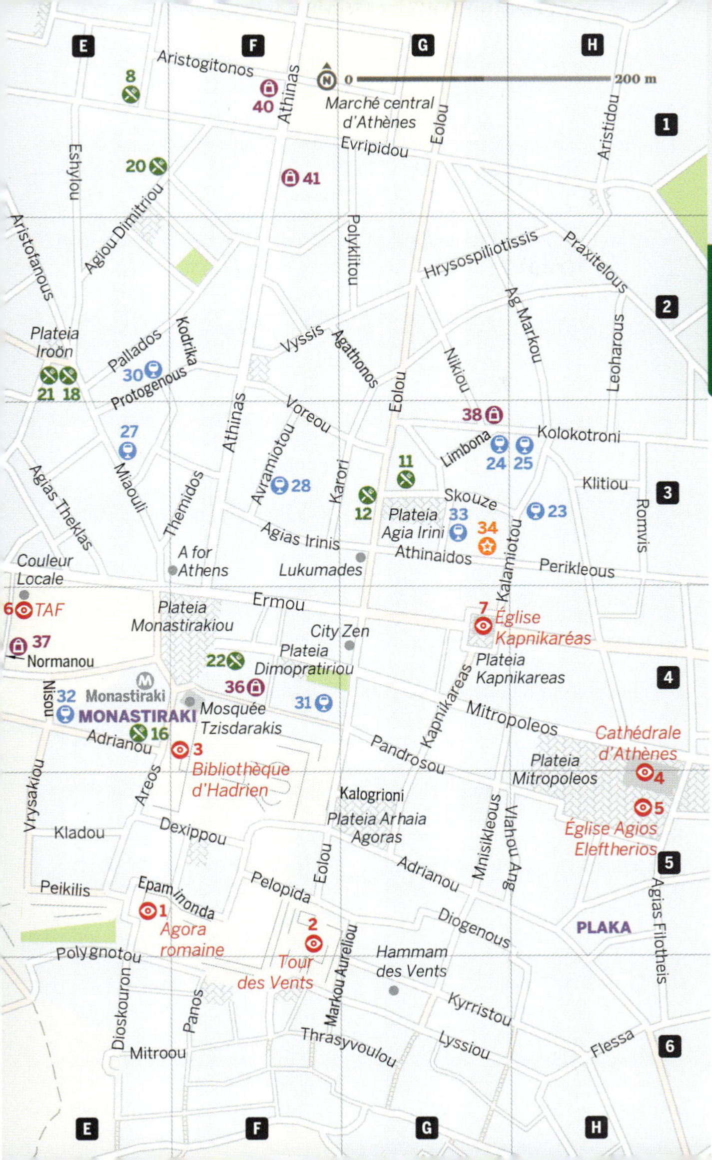
E
F
G
H
1
2
3
4
5
6
0
200 m
Aristogitonos
Athinas
Marché central
d'Athènes
Eolou
Evripidou
Aristidou
Eshylou
Agiou Dimitriou
Aristofanous
Polyklitou
Hrysospiliotissis
Praxitelous
Ag Markou
Leoharous
Plateia
Iroön
Pallados
Kodrika
Protogenous
Vyssis
Agathonos
Nikiou
Voreou
Eolou
Kolokotroni
Limbona
Avramiotou
Karori
Miaouli
Themidos
Agias Theklas
Skouze
Klitiou
Plateia
Agia Irini
Romvis
Agias Irinis
Athinaidos
Kalamiotou
Perikleous
Couleur
Locale
A for
Athens
Lukumades
TAF
Plateia
Monastirakiou
Ermou
City Zen
Église
Kapnikaréas
Normanou
Plateia
Dimopratiriou
Plateia
Kapnikareas
Nisou
Monastiraki
MONASTIRAKI
Mosquée
Tzisdarakis
Kapnikareas
Mitropoleos
Cathédrale
d'Athènes
Adrianou
Pandrosou
Bibliothèque
d'Hadrien
Areos
Plateia
Mitropoleos
Vrysakiou
Kalogrioni
Plateia Arhaia
Agoras
Mnisikleous
Vlahou Ang
Église Agios
Eleftherios
Kladou
Dexippou
Adrianou
Peikilis
Epaminonda
Pelopida
Eolou
Diogenous
Agias Filotheis
Agora
romaine
PLAKA
Polygnotou
Tour
des Vents
Markou Aureliou
Hammam
des Vents
Kyrristou
Dioskouron
Panos
Thrasyvoulou
Lyssiou
Flessa
Mitroou
8
40
20
41
30
21
18
27
38
24
25
11
28
12
33
34
23
6
7
37
22
36
31
32
16
3
4
5
1
2

La domination romaine

En 86 av. J.-C., Athènes s'allie à la révolte de Mithridate VI, maître de la mer Noire. En représailles, Sylla s'empare d'Athènes, démolit ses remparts et emporte ses plus belles sculptures à Rome. La Grèce devient alors officiellement la province romaine d'Achaïe, mais plusieurs grandes cités jouissent encore d'une certaine autonomie.

Admirateurs de la culture grecque, les Romains conservent à Athènes sa position de centre de l'enseignement hellène. Jusqu'au IIIe siècle, sous la Pax Romana, les empereurs Auguste, Néron et, surtout, Hadrien, dotent la cité de grands monuments, dont l'Agora romaine, la bibliothèque d'Hadrien et la porte d'Hadrien.

Voir

Agora romaine SITE ANTIQUE

1 PLAN P. 64, E5

Sous la domination de Rome, le centre civique d'Athènes fut transféré sur ce site. On y pénètre par la **porte d'Athéna Archégète**, propylée financé par Jules César en 10 av. J.-C. Le site compte aussi une mosquée ottomane et, à l'est, la splendide tour des Vents. (Dioskouron, Monastiraki ; odysseus.culture.gr ; tarif plein/réduit 8/4 €)

Tour des Vents MONUMENT ANTIQUE

2 PLAN P. 64, F5

Sise à l'extrémité de l'Agora romaine, la tour des Vents fut élevée au Ier ou IIe siècle av. J.-C. par l'ingénieur macédonien (grec) Andronicos de Cyrrhus. Cette ingénieuse construction octogonale en marbre du Pentélique servait de gnomon, de clepsydre et de boussole. Chaque côté, représentant un point cardinal ou intermédiaire, est orné d'un personnage ailé symbolisant le vent qui souffle de cette direction. Sous les bas-reliefs apparaissent des vestiges à peine visibles de cadrans solaires. Le toit conique en pierre, composé de 24 panneaux, est l'un des rares de l'Antiquité à être parvenu jusqu'à nous. Une girouette en bronze figurant un Triton le surmontait à l'origine.

L'intérieur renferme le mécanisme de l'horloge hydraulique, jadis alimentée par un ruisseau coulant de l'Acropole. Des traces de pigment bleu ont été découvertes sur les murs. Parmi les ajouts postérieurs, citons le dessin d'un bateau romain qui coule, un fragment de fresque byzantine représentant un ange et datant de l'époque où la tour servait d'église, des calligraphies arabes et un mihrab, car les derviches durant la période ottomane l'utilisaient comme *tekke* (lieu de culte soufi).

Bibliothèque d'Hadrien RUINES

3 PLAN P. 64, F4

Édifiée en 132 par l'empereur Hadrien, la bibliothèque au nord de l'Agora fut l'un des plus somptueux bâtiments publics avant sa destruction par les Hérules en 267. Elle comportait une cour intérieure bordée de 100 colonnes et agrémentée d'un bassin central, des salles de lecture et de musique, ainsi qu'un théâtre. Le mur ouest, près de l'entrée, a été restauré. Au-delà ne subsistent que de rares vestiges, ainsi que deux églises des VIIe et XIIe siècles. (Areos 3, Monastiraki ; odysseus.culture.gr ; tarif plein/réduit 6/3 €)

Cathédrale d'Athènes ÉGLISE

4 PLAN P. 64, H5

Cette cathédrale imposante (1862) est le siège de l'Église archiépiscopale greque orthodoxe d'Athènes. (Plateia Mitropoleos, Monastiraki ; http://iaath.gr)

Église Agios Eleftherios ÉGLISE

5 PLAN P. 64, H5

Dite la Petite Métropole, Saint-Éleuthère (XIIe siècle) porte aussi le nom de Panagia Gorgoepikoos ("la Vierge qui exauce vite"). Élevée sur les ruines d'un temple antique, cette église cruciforme est en partie composée de bas-reliefs, colonnes et autres éléments d'édifices païens et chrétiens plus anciens. (Plateia Mitropoleos, Monastiraki)

Agora romaine

TAF

GALERIE D'ART

6 PLAN P. 64, E4

Le café-bar, dans la cour centrale entourée de bâtiments des années 1870 vaguement rénovés, attire une clientèle jeune et hétéroclite. La galerie proprement dite accueille des expositions, des représentations théâtrales, des projections et des concerts, le plus souvent gratuits. Il y a aussi une excellente boutique d'objets design. (Normanou 5, Monastiraki ; http://theartfoundation.metamatic.gr)

Église Kapnikaréas

ÉGLISE

7 PLAN P. 64, G4

Cette petite église du XIe siècle, dédiée à la Vierge Marie, occupe le cœur d'Ermou, l'artère commerçante. Elle fut sauvée des bulldozers et restaurée par l'université d'Athènes. Le dôme de cette église repose sur quatre grandes colonnes romaines. À l'intérieur, la plupart des fresques ont été peintes par le célèbre artiste Fotis Kontoglou en 1955. (Ermou, Monastiraki)

Se restaurer

Karamanlidika tou Fani

GREC €€

8 PLAN P. 64, E1

Dans ce *pastomageireio* (taverne-traiteur), les clients attablés le long des vitrines de produits du terroir se voient offrir de bonnes choses à grignoter pendant qu'ils consultent la carte. Outre la charcuterie et les fromages, on peut commander des plats de la mer (goûtez aux anchois marinés), ainsi que des bières artisanales et des vins peu courants. Patronne chaleureuse et service impeccable. (Sokratous 1, Psyrri ; www.karamanlidika.gr)

Atlantikos

PRODUITS DE LA MER €€

9 PLAN P. 64, D3

Ce petit restaurant de poisson niché dans une ruelle passe facilement inaperçu – repérez les joyeux convives attablés devant des tas de carapaces de crevettes. On y déguste des fruits de mer grillés ou frits de qualité, sans se ruiner, dans une ambiance simple et décontractée. (Avliton 7, Psyrri)

Kalimeres

CAFÉ €

10 PLAN P. 64, D2

Le long d'une voie piétonne, ce lieu joyeux et décontracté d'où s'échappent des airs de musique agréables est idéal pour savourer un brunch, une boisson ou un en-cas. (Taki 14 ; www.kalimeres.gr)

Kostas

GREC €

11 PLAN P. 64, G3

Sur une agréable place en face de l'église Agia Irini, cette minuscule adresse à l'ancienne prépare de savoureux souvlakis de porc et *bifteki* (steaks hachés à la grecque), servis dans un pita avec de la sauce tomate relevée. Venez avant le coup de feu du déjeuner ; il arrive que la fermeture soit avancée pour cause

Athènes ottomane

Malgré plusieurs siècles de domination ottomane, il subsiste à Athènes peu de témoignages architecturaux de cette période, les archéologues ayant privilégié les vestiges de l'Antiquité. Exception de taille, la **mosquée Tzistarakis** (plan p. 64, F4 ; Areos 1, Monastiraki ; www.mnep.gr) trône depuis 1759 sur la place Monastiraki. Elle dépend du musée de la Culture grecque moderne (fermé pour réaménagement depuis 2015), de même que le **hammam des Vents** (p. 87), des bains turcs du XVIIe siècle.

Au coin de la rue, l'**Agora romaine** (p. 66) englobe une mosquée du XVIIe siècle (convertie en lieu d'exposition) et la **tour des Vents** (p. 66), une construction antique qui fut utilisée comme *tekke* (lieu de culte soufi) par les derviches. Au nord de celle-ci, de l'autre côté de la rue, se tenait un bâtiment construit au XVIIIe siècle pour l'enseignement du soufisme et dont les cellules des étudiants servirent de prison au siècle suivant. Il fut en grande partie démoli pour permettre la fouille des ruines romaines situées en dessous. Seul le porche principal, envahi par la végétation, est encore debout.

de rupture de stock. (Plateia Agia Irini 2, Monastiraki)

EATERY

MÉDITERRANÉEN **€€**

12 PLAN P. 64, G3

Ce restaurant du quartier commerçant animé de Monastiraki sert de bons plats grecs et méditerranéens. Quand il fait chaud, ses cocktails glacés constituent un bon remontant. (Aiolou 29 ; www.facebook.com/bairaktariseatery)

Luv N Roll

TAPAS **€€**

13 PLAN P. 64, D3

Êtes-vous là pour un tatouage ou un piercing ou pour déguster une délicieuse petite assiette sur la terrasse avec vue sur l'Acropole ? Dans ce dernier cas, vous avez fait le bon choix, car les plats qui fleurent bon la Grèce et les cocktails bien concoctés sont excellents. (Karaiskaki 14 ; https://luvnroll.com)

Nikitas

TAVERNE **€**

14 PLAN P. 64, D2

Les habitants raffolent de cette vieille *taverna*, qui servait une cuisine traditionnelle simple et savoureuse, à prix doux, bien avant que Psyrri devienne un quartier branché. La seule adresse animée en semaine. Fermé en août. (Agion Anargyron 19, Psyrri ; www.onikitas.gr)

Café Avyssinia

MEZZE **€€**

15 PLAN P. 64, D4

Au milieu du marché aux puces de la Plateia Avyssinias,

Spécial grillades

Sur une portion de rue peu reluisante, **Telis** (plan p. 64, D1 ; Evripidou 86, Psyrri) sert des côtes de porc grillées au charbon de bois depuis 1978 dans une salle éclairée au néon. Rien d'autre au menu que de la viande grillée en abondance, accompagnée de frites et de la salade grecque, à arroser de bière ou de vin de table maison. Service aimable.

ce *mezedhopoleio* est fréquenté depuis les années 1980 pour sa musique live et son offre culinaire variée. Venez plutôt pour une pause-déjeuner ou pour un dîner tardif les soirs de week-end. En été, la terrasse sur le toit dévoile une vue sur l'Acropole. (Kynetou 7, Monastiraki ; https://cafeavissinia.net)

Maiandros

GREC **€€**

16 PLAN P. 64, E4

Un cran au-dessus des tavernes quelconques de la rue Adrianou, cette adresse sert de délicieux plats traditionnels grecs. Le personnel est accueillant, mais ne pousse pas à la consommation. Concerts de bouzouki. (Adrianoy 47 ; www.maiandros.eu)

Ivis

MEZZE **€**

17 PLAN P. 64, C3

Cette confortable enseigne au décor lumineux et stylisé propose chaque jour un nouveau choix de délicieux mezze fraîchement préparés. Bonne sélection d'ouzos et de rakis. (Navarhou Apostoli 19, Psyrri)

Bougatsadiko Thessaloniki

PITAS **€**

18 PLAN P. 64, E2

Cette adresse confectionne chaque jour pour les noctambules de la festive place Iroön de délicieux pitas à la viande, aux épinards (*spanakopita*) ou à la crème vanillée (*bougatsa*) avec des feuilles de pâte filo roulées à la main – vous pouvez voir le boulanger à l'œuvre. (Plateia Iroön 1, Psyrri ; www.facebook.com/bougatsadikothessaloniki)

Kuzina

GREC **€€**

19 PLAN P. 64, C4

Une adresse élégante et cosy pour une cuisine grecque raffinée (les raviolis frits à la feta et aux olives sont un délice). La lumière coule à flots à travers les baies vitrées, réchauffant les tables bondées en hiver. L'été, réservez tôt pour profiter de la vue panoramique sur le toit en terrasse. (Adrianou 9, Monastiraki ; www.kuzina.gr)

Avli

MEZZE **€**

20 PLAN P. 64, E1

Sympathique et bon marché, Avli frise le chaos les soirs de week-end. Il faut se frayer un passage par une entrée étroite et attendre pour être servi, mais une fois dedans, les murs blanchis à la chaux et la terrasse vous donneront l'impression d'être dans les Cyclades. Les *keftedhes* (boulettes de viande frites) et l'omelette spéciale avec frites et saucisses épongent très bien la boisson. Fermé le mardi. (Agiou Dimitriou 12, Psyrri)

Nancy's Sweethome

CAFÉ €

21 PLAN P. 64, E2

Bordant une place animée, l'endroit est célèbre pour ses gros gâteaux nappés de chocolat fondu et ses boules de glace généreuses. À moins que vous ne préfériez les pâtisseries grecques luisantes de sirop, comme le *kunefe* (à base de cheveux d'ange, fromage, beurre et pistaches) accompagné de glace au mastic. Fermé en août. (Plateia Iroön 1, Psyrri ; www.nancysweethome.gr)

O Thanasis

KEBAB €

22 PLAN P. 64, F4

Dans le secteur d'Athènes où se concentrent les enseignes de souvlakis, ce restaurant de grillades est surtout réputé pour ses kebabs, servis sur un pita. Terrasse stratégique pour observer le va-et-vient dans la rue. (Mitropoleos 69, Monastiraki ; othanasis.com)

Prendre un verre

Dude Bar

BAR

23 PLAN P. 64, H3

L'ambiance bat son plein jusqu'à l'aube dans ce petit bar le long d'une rue piétonne. La programmation musicale – du funk et de la soul dignes d'un film de Tarantino – brille par sa

Kokorétsi et agneau grillé au charbon de bois

En-cas à gogo

Toutes sortes d'en-cas, des falafels au poisson frit, sont vendus à l'est et au sud du croisement des rues Eolou et Athinaidos. Juste à l'angle, **Lukumades** (plan p. 64, G3 ; Eolou 21, Monastiraki ; www.lukumades.com) propose les boulettes de pâte frite du même nom, nappées de miel ou fourrées de confiture ou de glace.

qualité. (Kalamiotou 14, Monastiraki ; www.facebook.com/thedudebar)

Noel BAR

24 PLAN P. 64, G3

"C'est tous les jours Noël", tel est le slogan de l'un des meilleurs cafés-bars au décor kitsch d'Athènes. L'ambiance y est en effet festive, façon soirée aux chandelles. Sous les lustres dorés, les barmen élégants servent des cocktails extrêmement originaux. Alternance de musique des années 1980-1990 et de jazz. (Kolokotroni 59b, Monastiraki ; https://noelbar.gr)

Booze Cooperativa CAFÉ, BAR

25 PLAN P. 64, H3

En journée, ce repaire branché à l'ambiance détendue est plein de jeunes Athéniens jouant aux échecs et au backgammon ou travaillant sur leur PC. Le soir, le bar s'anime et reste ouvert jusque tard. Expositions d'art au sous-sol et théâtre à l'étage. (Kolokotroni 57, Monastiraki ; www.boozecooperativa.com ; wifi)

Norman BAR À COCKTAILS

26 PLAN P. 64, D4

Délicieux et inhabituels, les cocktails sont à l'ordre du jour dans ce bar simple d'une ruelle de Monastiraki. Les places étant rares, prenez donc une boisson sur le pouce. (Normanou 6)

Old Fashioned Bar BAR

27 PLAN P. 64, E3

Ambiance décontractée, musique soul et personnel accueillant caractérisent ce petit bar du centre-ville qui sert de bons cocktails et de la Guinness. Installez-vous à la terrasse pour observer les passants. (Miaouli 16)

Six d.o.g.s BAR

28 PLAN P. 64, F3

Cet espace polyvalent très créatif se déploie sur plusieurs niveaux autour d'un jardin luxuriant, parfait pour discuter au calme en journée ou se détendre le soir devant un verre. Les bâtiments attenants accueillent concerts, expositions d'art et autres événements. (Avramiotou 6-8, Monastiraki ; www.sixdogs.gr)

Little Kook CAFÉ

29 PLAN P. 64, D3

On vient ici moins pour le café et les gâteaux que pour l'extravagant décor de contes pour enfants, très photogénique, dont le thème change régulièrement. Les guirlandes de petits drapeaux au-dessus de la rue vous guideront. Les plus jeunes adorent ! (Karaïskaki 17, Psyrri ;)

Tranzistor BAR

30 PLAN P. 64, E2

Un chouette petit bar où l'on peut s'installer au comptoir illuminé ou paresser dehors. La ruelle étroite abrite plusieurs autres adresses du genre. (Protogenous 10, Psyrri ; www.facebook.com/tranzistorcafe)

Orea Hellas CAFÉ

31 PLAN P. 64, F4

Un joli établissement à l'ancienne où faire une pause après une séance de shopping à Monastiraki. La terrasse donne sur Mitropoleos, tandis que la salle a vue sur l'Acropole. Au menu : café grec, pâtisseries et un bon choix de mezze et de salades. Le service est parfois inégal. La boutique d'artisanat du **Center of Hellenic Tradition** se trouve à l'étage. (Pandrosou 36, Monastiraki ; www.facebook.com/OreaHellas ;)

Dioskouri CAFÉ

32 PLAN P. 64, E4

Ce café-restaurant s'étire de chaque côté d'une rue longeant la voie ferrée. Avec ses tables à l'ombre d'un arbre immense, le café (Adrianou 39) rappelle la place d'un village. Il est apprécié des étudiants et, bien sûr, des touristes pour son café, son ouzo et ses en-cas, et aussi parce que la rue est piétonne. Le service est inégal. (Dioskouron 13)

Rooster LGBTQI+

33 PLAN P. 64, G3

Un lieu LGBT+ sur une place animée, où tout le monde papote. Hétéros bienvenus. (Plateia Agia Irini 4, Monastiraki ; roostercafe.gr ;)

Sortir

Faust CABARET

34 PLAN P. 64, G3

Des spectacles kitsch, grivois, drôles et carrément décalés vous attendent sur la petite scène de ce cabaret populaire. Certains sont gratuits. Fermé de juin à août. (Kalamiotou 11 et Athinaidos 12, Monastiraki ; www.faust.gr)

Shopping

Yiannis Samouelian INSTRUMENTS DE MUSIQUE

35 PLAN P. 64, D4

Coincé entre deux boutiques plus modernes, ce magasin vend des instruments de musique

Cafés du centre

À Psyrri, près des rues Agion Anargyron et Sarri, une kyrielle de cafés et de bars servent des cafés froids dans la journée et des cocktails la nuit.

Vues imprenables sur l'Acropole

Pas qu'un piège à touristes : les agréables toits-terrasses de Monastiraki donnant sur l'Acropole sont aussi très prisés des Athéniens.

- **Couleur Locale** (plan p. 64, E4 ; Normanou 3 ; couleurlocaleathens.com). L'entrée non indiquée se trouve au bout d'une galerie marchande.
- **City Zen** (plan p. 64, G4 ; Aiolou 11, Monastiraki ; www.cityzenathens.gr). Allez-y pour prendre un verre. L'étage est ouvert la nuit.
- **A for Athens** (plan p. 64, F3 ; Miaouli 2-4, Monastiraki ; www.aforathens.com ; ❄ @ 📶). L'animation bat son plein sur le toit de l'hôtel.

du monde entier depuis 1928, notamment des bouzoukis ; ceux faits à la main coûtent près de 200 €. (Ifestou 36, Monastiraki ; https://samouelian.gr)

Martinos — ANTIQUITÉS

36 PLAN P. 64, F4

Cette enseigne incontournable de Monastiraki propose depuis 1890 un remarquable choix d'antiquités grecques et européennes : coffres peints, icônes, monnaie, verrerie, porcelaine et accessoires. La qualité de certaines pièces leur vaudrait d'être exposées dans un musée. (Pandrosou 50, Monastiraki ; www.martinosart.gr)

Olgianna Melissinos — CHAUSSURES

37 PLAN P. 64, E4

La sœur de Pantelis (voir boutique p. 53) propose une ligne de sandales ajustées au pied de chacun ainsi que des ceintures et des sacs élégants. Elle conçoit également des modèles à la demande. (Normanou 7, Monastiraki ; www.melissinos-sandals.gr)

Shedia Home — ARTISANAT

38 PLAN P. 64, G3

Shedia (c'est-à-dire le "radeau de sauvetage") est un journal de rue grec. Les invendus sont recyclés et transformés en jolis articles de maison et accessoires, comme des abat-jour, des bols, des boucles d'oreilles et des colliers en papier mâché. L'espace situé sous les bureaux de la rédaction abrite une boutique et un café-bar. (Koloktroni 56, Monastiraki ; https://shediahome.gr)

Kartousa — BIJOUX, ACCESSOIRES

39 PLAN P. 64, D2

Un choix hétéroclite de bijoux artisanaux et d'accessoires pour la maison illumine cette toute petite devanture. (Taki 9, Psyrri ; www.kartousa.gr)

Big Bazaar — ANTIQUITÉS

40 PLAN P. 64, F1

Le nom de ce magasin de brocante (le "grand bazar") est un bel euphémisme. Ses deux étages renferment tout un bric-à-brac en équilibre précaire, à travers lequel les clients peinent à se frayer un chemin – et plus encore à se saisir des objets. Laissez votre sac en bas pour ne pas renverser quelque chose. (Aristogitonos 11, Monastiraki)

Pan-Pol

CHAPEAUX

41 PLAN P. 64, F1

Que vous cherchiez un borsalino ou une casquette de marin, cette petite boutique propose une large gamme de chapeaux en feutre. Le gros du stock provient de l'atelier à l'étage et les prix débutent à 8 €. (Athinas 36, Monastiraki ; www.panpolhats.gr)

Conseils d'un artiste grec

- **Ancienne manufacture des Tabacs** (www.neon.org.gr)
- **Musée d'Art cycladique** (p. 108)
- **Street art des quartiers Psyrri et Plaka**
- **Galerie Ghika** (www.benaki.org)
- **Fondation de Basile & Elise Goulandris** (p. 122)

Et pour savoir ce qui se passe à Athènes, consultez le site https://cultureisathens.gr.

Dimitris Fousekis, *artiste local, @dimitris.fousekis*

Big Bazaar

BALONCINCI/SHUTTERSTOCK

Promenade à pied

Balade au marché central

Les rues autour du bouillonnant marché central d'Athènes (également appelé Varvakios Agora) sont un régal pour les sens. Le quartier compte aussi quelques-uns des meilleurs restaurants traditionnels de la ville et des galeries d'art d'avant-garde.

La promenade

Départ Athinas, entre Sofokleous et Evripidou

Arrivée Sarri

Distance 1 km

Durée une heure

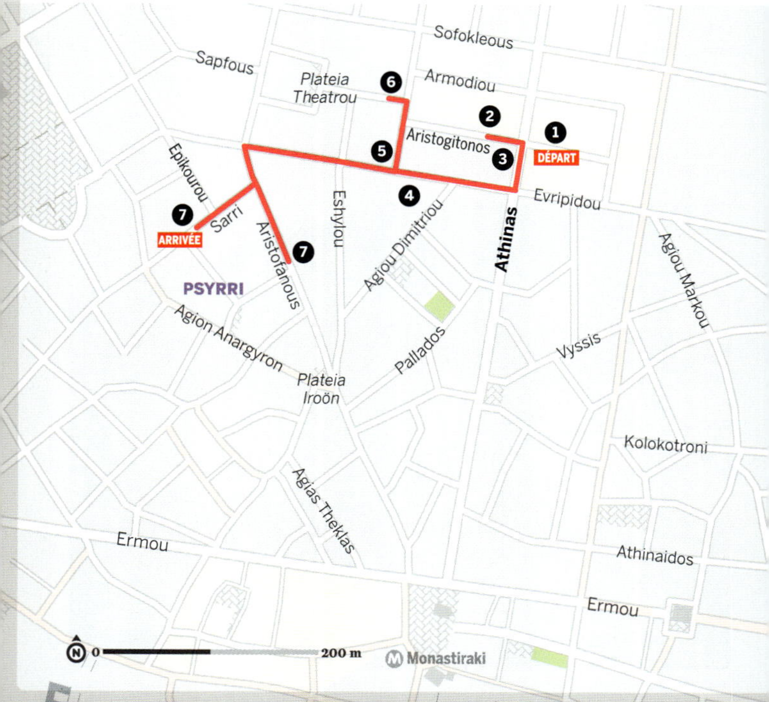

❶ Marché central d'Athènes

Destination incontournable des gastronomes, le bâtiment historique du **Varvakios Agora** (Athinas, entre Sofokleous et Evripidou, Omonia) abrite des commerces de viande et de poisson, dont beaucoup ont conservé leurs gros billots en bois – défiant les normes d'hygiène imposées par l'UE. Pour profiter de l'ambiance effervescente, venez de préférence tôt le matin ou tard le soir. Les *tavernas* du marché ouvrent 24h/24.

❷ Fruits et légumes

Des **vendeurs de fruits et légumes** s'installent chaque jour en face de la grande halle, de l'autre côté d'Athinas. Leurs étals sont un bon baromètre des produits de saison à commander au restaurant. Autour se tiennent des marchands d'olives et de fromages, ainsi que des brocanteurs.

❸ Spécialités régionales

Si vous préférez les magasins, allez directement au **Pantopoleion Kolios** (Sofokleous 1, Omonia), où vous trouverez des produits de toute la Grèce : câpres de Santorin, biscottes crétoises, friandises, vins et alcools grecs, ainsi que viennoiseries et fromages.

❹ Épices

Dans les rues autour du marché, les sacs de toile débordent de piments, de roses séchées et de gingembre confit. Flânez-y en humant les arômes qui s'échappent des boutiques. Faites le plein d'épices dans la pittoresque boutique **Fotsi** (Evripidou 39, www.fotsi.gr) et chez les marchands voisins.

❺ Épicerie fine

Miran (Evripidou 45 ; www.miran.gr) relève avec des épices ses viandes séchées, comme son *pastourma* (plus épicé que le pastrami). Le *pastomageireio* (taverne-traiteur) moderne **Karamanlidika tou Fani** (Sokratous 1 ; www.karamanlidika.gr) vend des fromages grecs, des viandes séchées, de bons produits de la mer, des vins rares et des bières artisanales. Il est possible de manger dans les deux établissements.

❻ Taverna insolite

Le **Diporto Agoras** (angle Theatrou et Sokratous 9) est l'un des joyaux cachés d'Athènes. Pas d'enseigne, juste une double porte menant à une cave rustique. Pas de carte... La spécialité est la *revythia* (pois chiches), suivie de poisson grillé et arrosée de vin tiré d'immenses tonneaux. Avec un peu de chance, l'accordéoniste qui y joue sera là.

❼ Art contemporain

Après déjeuner, rejoignez **A.antonopoulou.art** (Aristofanous 20, Psyrri ; www.aaart.gr) et **Alibi** (Sarri 12, Psyrri ; www.alibigallery.com), deux des galeries les plus innovantes d'Athènes. De belles œuvres de street art émaillent en outre le secteur.

Explorer

Syntagma et Plaka

Le quartier de la Plateia Syntagmatos (place Syntagma), cœur de l'Athènes moderne, bourdonne d'activité commerciale en journée, avant que les bars ne s'allument le soir venu. À une courte distance à pied, au sud-ouest, le centre du vieil Athènes, Plaka, évoque au contraire une ville d'autrefois, aux étroites ruelles bordées de demeures néoclassiques et de jolies tavernes. Malgré les touristes, la vie de quartier n'a pas disparu pour autant.

Notre sélection

- ***Tombe du Soldat inconnu (p. 84)*** *Prenez une belle photographie d'Athènes pendant la relève de la garde, qui a lieu toutes les heures.*
- ***Petits musées (p. 85)*** *Découvrez l'histoire au musée juif, dans la plus vieille maison d'Athènes, une prison de la Seconde Guerre mondiale, entre autres.*
- ***Anafiotika (p. 86)*** *Explorez au pied de l'Acropole ce havre de paix rappelant par son architecture les Cyclades.*
- ***Jardin national (p. 85)*** *Flânez dans ce parc ombragé et, par une soirée d'été, regardez un film au parc du Zappéion voisin.*

Comment s'y rendre et circuler

Ⓜ La station Syntagma (lignes bleue et rouge) se situe au cœur de la ville, sur la Plateia Syntagmatos, non loin de Plaka.

Ⓜ Les stations Monastiraki (lignes bleue et verte) et Akropoli (ligne rouge) se trouvent aussi à une courte marche de Plaka.

Plan de Syntagma et Plaka p. 82

Le vieux quartier de Plaka PE DRA/SHUTTERSTOCK ©

Promenade à pied

Plaka et Syntagma au calme

Quittez le secteur touristique et la circulation pour un aperçu authentique du vieil Athènes, au fil des ruelles sinueuses qui gravissent le flanc nord-est de la colline de l'Acropole et à travers le dédale du quartier d'Anafiotika. Même le moderne Syntagma porte les traces de l'histoire, pour peu que l'on sache où regarder.

La promenade

Départ Mnisikleous, Plaka

Arrivée Stadiou, Syntagma

Distance 2,4 km

Durée deux heures

❶ Escalier panoramique

Commencez par Mnisikleous, l'une des rues les plus photogéniques de Plaka de par son long escalier jalonné de cafés. Les riverains apprécient **Yiasemi** (p. 92) pour son buffet végétarien le matin et ses gâteaux alléchants. Assis sur un coussin au sommet des marches, vous aurez l'impression de faire partie de la carte postale.

❷ Une île dans la ville

Plus haut, la petite enclave d'**Anafiotika** (p. 86) a été érigée au milieu du XIXe siècle par des maçons venus de l'île d'Anafi. Avec ses murs blanchis à la chaux et ses géraniums, le quartier est un vrai petit bout de Cyclades. Cherchez Theorias, une venelle montant depuis Pritaniou. En redescendant du côté sud-est par Stratonos, vous croiserez une surprenante oliveraie, ouverte comme un parc public.

❸ Églises byzantines

Bâtie en 1031, **l'église Sotira Lykodimou** (p. 86), le plus grand édifice médiéval d'Athènes, est ouverte plus régulièrement que les autres vieilles églises de la capitale. C'est une église orthodoxe russe depuis 1847. Nikiforos Lytras, alors étudiant aux Beaux-Arts, peignit ses icônes qui sont saisissantes de réalisme. Il devint plus tard réputé pour ses portraits.

❹ Lieu d'exception

Nul besoin de séjourner dans l'hôtel le plus prestigieux d'Athènes pour profiter de sa splendeur. Édifié en 1862 pour héberger les têtes couronnées, le **Grande Bretagne** (www.marriott.com ; P ❄ @ Wi-Fi ≋), sur la place Syntagma, est un havre de paix en plein centre-ville. Prenez le thé dans le jardin d'hiver ou une boisson au restaurant et bar du toit avec vue sur l'Acropole.

❺ Une envie de chocolat ?

Les galeries marchandes du centre recèlent des trésors, comme le minuscule café **Kaya**. Pour le dessert, allez dans le quartier des pâtisseries et fruits secs de Karageorgi Servias chez **Aristokratikon** (www.aristokratikon.com), qui confectionne des chocolats fins depuis 1928. Les agrumes confits au chocolat noir sont sa spécialité.

❻ Histoire souterraine

Cachée parmi des cafés de chaîne, l'entrée du sous-sol de **Koraï 4** (www.korai4.gr) passe facilement inaperçue. Sous l'Occupation, la Gestapo utilisa ce local comme salle de torture. On y distingue encore les graffitis laissés par les prisonniers.

❼ Bar à remonter le temps

Autre perle de galerie marchande, le **Galaxy Bar** (www.facebook.com/GalaxyBarAthens) était un établissement doté d'un vrai bar à l'européenne. Aujourd'hui, il s'agit d'une capsule temporelle, au décor suranné mais plein de charme. Des photos encadrées du Rat Pack et de Franz Kafka ornent les murs.

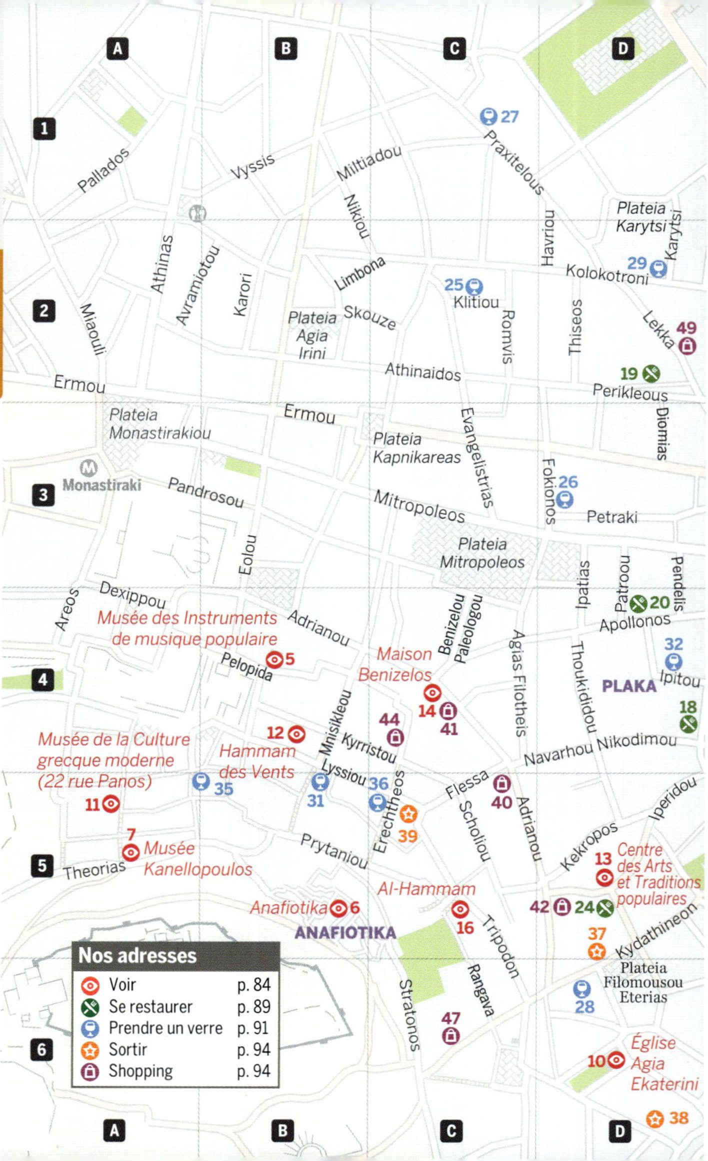
A
B
C
D
1
2
3
4
5
6
27
Praxitelous
Pallados
Vyssis
Miltiadou
Nikiou
Plateia Karytsi
Karytsi
Havriou
Kolokotroni
29
Athinas
Avramiotou
Karori
Limbona
25
Klitiou
Romvis
Thiseos
Lekka
49
Miaouli
Plateia Agia Irini
Skouze
Athinaidos
19
Perikleous
Ermou
Ermou
Plateia Monastirakiou
Plateia Kapnikareas
Evangelistrias
Diomias
Monastiraki
Pandrosou
Mitropoleos
Fokionos
26
Petraki
Plateia Mitropoleos
Eolou
Ipatias
Patroou
Pendelis
Dexippou
Areos
Musée des Instruments de musique populaire
Adrianou
Benizelou
Paleologou
Agias Filotheis
20
Apollonos
Pelopida
5
Maison Benizelos
Thoukididou
32
Ipitou
PLAKA
Mnisikleous
14
41
44
18
12
Kyrristou
Navarhou Nikodimou
Musée de la Culture grecque moderne (22 rue Panos)
Hammam des Vents
Lyssiou
36
35
31
Erechtheos
Flessa
40
11
39
Scholiou
Adrianou
Iperidou
Kekropos
7
Musée Kanellopoulos
Prytaniou
Theorias
13
Centre des Arts et Traditions populaires
Al-Hammam
Anafiotika
6
16
42
24
ANAFIOTIKA
Tripodon
37
Kydathineon
Plateia Filomousou Eterias
Rangava
28
Stratonos
47
Église Agia Ekaterini
10
38
Nos adresses
Voir p. 84
Se restaurer p. 89
Prendre un verre p. 91
Sortir p. 94
Shopping p. 94

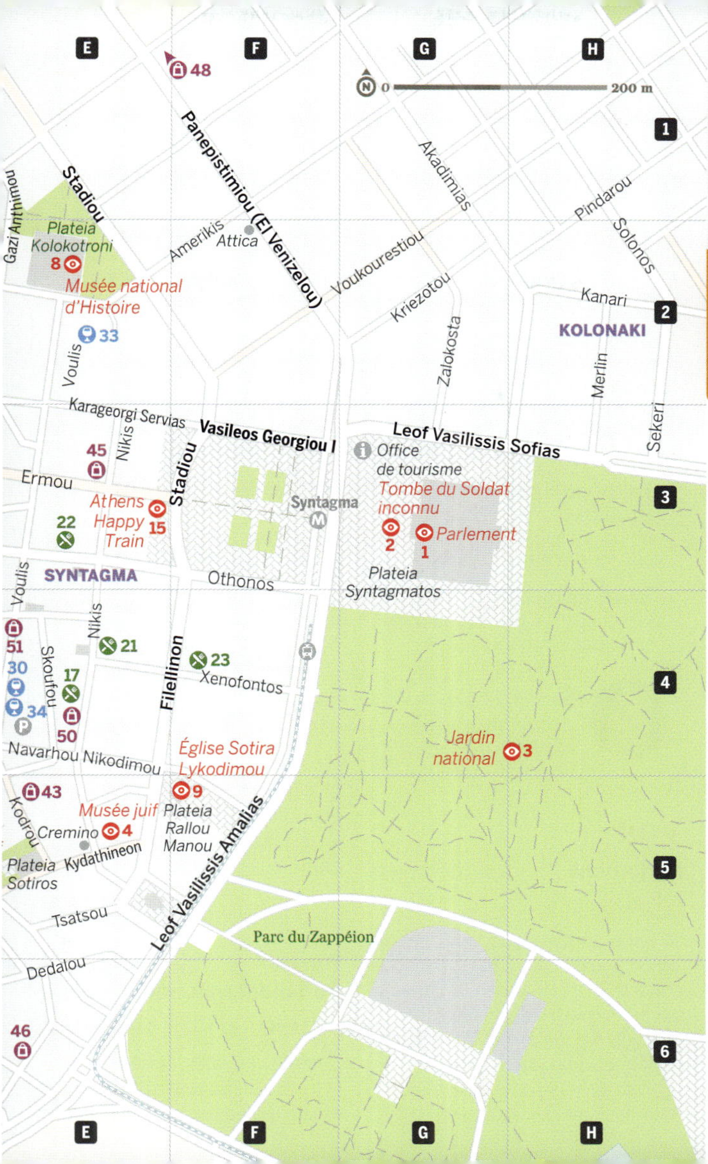
E
F
G
H
48
0
200 m
1
2
3
4
5
6
Panepistimiou (El Venizelou)
Stadiou
Gazi Anthimou
Plateia
Kolokotroni
8
Musée national
d'Histoire
Amerikis
Attica
Akadimias
Pindarou
Solonos
Voukourestiou
Kriezotou
Zalokosta
Kanari
KOLONAKI
Merlin
Sekeri
33
Voulis
Karageorgi Servias
Nikis
Vasileos Georgiou I
Leof Vasilissis Sofias
Office
de tourisme
Tombe du Soldat
inconnu
45
Ermou
Athens
Happy
Train
15
22
Syntagma
2
1
Parlement
SYNTAGMA
Othonos
Plateia
Syntagmatos
Voulis
51
30
Skoufou
Nikis
21
Filellinon
23
Xenofontos
17
34
50
Navarhou Nikodimou
Jardin
national
3
Église Sotira
Lykodimou
43
9
Kodrou
Musée juif
Plateia
Rallou
Manou
Cremino
4
Kydathineon
Plateia
Sotiros
Leof Vasilissis Amalias
Tsatsou
Parc du Zappéion
Dedalou
46
E
F
G
H

Les meilleurs endroits pour courir à Athènes

- **De la rue Apostolou Pavlou à la colline de Philopappos** Les énormes trottoirs pavés sont parfaits pour aller de l'Agora antique aux sentiers de la colline de Philopappos et à la rue Dionysiou Areopagitou.

- **Jardin national** (p. 85). Ce jardin luxuriant compte plus de 7 000 arbres, 519 espèces de plantes et six étangs. Il ferme au crépuscule. Si vous y courez à ce moment-là, ôtez vos écouteurs pour entendre le coup de sifflet annonçant la fermeture des portes.

- **Stade des Panathénées** (p. 122). Parcourez la piste de 500 m entourant le stade en marbre, qui accueillit les premiers Jeux olympiques modernes. Accessible depuis l'arrière par une porte verte rue Arhimidous, le lieu est souvent ouvert et gratuit, si vous n'entrez pas dans le stade à proprement parler. Autre conseil, vous pouvez courir de la porte Arhimidous jusqu'à la colline verdoyante de l'Ardettos.

- **La riviera d'Athènes** Courez, marchez sur le front de mer de Palaio Faliro ou nagez le long de ce dernier. La promenade vous fera passer par la marina de Flisvos Marina, le Palaio Faliro et Alimos pour rejoindre Glyfada. Vous pouvez aussi traverser le **parc Stavros Niarchos** (p. 171) à Faliro.

- **Stade olympique** Courez dans le complexe sportif olympique de Marousi, utilisé lors des Jeux olympiques de 2004, et visitez le Musée olympique d'Athènes.

Recommandés par Margarita Kontzia,
Championne grecque de natation et propriétaire du fitness hotel Alkima, www.alkimathens.com

Voir

Parlement

ÉDIFICE HISTORIQUE

1 PLAN P. 82, G3

Le Parlement grec occupe depuis 1935 l'ancien palais royal, construit entre 1836 et 1842 par l'architecte bavarois Friedrich von Gärtner. C'est du balcon de cet édifice que la Constitution (*syntagma*) fut proclamée le 3 septembre 1843. Pour assister aux séances, il est possible de réserver une visite en groupe. Vous trouverez sur Internet la procédure à suivre. (Plateia Syntagmatos, Syntagma ; www.hellenicparliament.gr)

Tombe du Soldat inconnu

MONUMENT

2 PLAN P. 82, G3

Dans l'avant-cour du Parlement, la tombe du Soldat inconnu est surveillée par les evzones ;

ces gardes présidentiels dont l'uniforme, composé de la *fustanella* (courte jupe blanche plissée) et de chaussures à pompon, est inspiré de la tenue des *klephtes* (bandits montagnards qui jouèrent un rôle important dans la guerre d'Indépendance). La relève de la garde a lieu toutes les heures. Le dimanche à 11h, le peloton descend jusqu'à la tombe au son d'une fanfare. (Plateia Syntagmatos, Syntagma)

Jardin national JARDINS

3 PLAN P. 82, H4

Agréablement négligé, l'ancien jardin royal conçu entre 1838 et 1840 à l'instigation de la reine Amalia offre un délicieux refuge ombragé, à l'abri de la chaleur et de la circulation. Au milieu des arbres, vous trouverez un café, une aire de jeux et des plans d'eau peuplés de canards et de tortues. L'entrée principale se situe dans Leoforos Vasilissis Sofias, au sud du Parlement, mais l'on peut aussi accéder au parc depuis Irodou Attikou à l'est, ou par le parc du Zappéion (p. 123), au sud. (www.cityofathens.gr)

Musée juif MUSÉE

4 PLAN P. 82, E5

Ce petit musée retrace l'histoire de la communauté juive en Grèce, depuis le IIIe siècle av. J.-C. et les anciennes populations Romaniotes, jusqu'aux années suivant l'Holocauste, au moyen de documents, d'objets religieux et d'œuvres d'art populaire joliment présentés. L'histoire du métropolite Chrysostomos et de Lucas Karrer, maire de Zakynthos, qui sauvèrent 275 juifs des rafles nazis, fait partie des nombreux récits saisissants. (Nikis 39, Plaka ; www.jewishmuseum.gr ; tarif plein/réduit 6/3 €)

Musée des Instruments de musique populaire MUSÉE

5 PLAN P. 82, B4

Un ethnomusicologue passionné a rassemblé dans sa maison de trois étages près de 1 200 instruments de musique populaire. Des casques permettent d'écouter notamment le son de la *gaïda* (cornemuse grecque en peau de chèvre) et celui des simandres

Le Parlement grec

TTSTUDIO/SHUTTERSTOCK ©

utilisées par les moines du mont Athos pour appeler aux offices religieux. En été, des concerts ont lieu dans le ravissant jardin. (Diogenous 1-3, Plaka ; www.athenes.fr ; tarif plein/réduit 3/2 €)

Anafiotika

QUARTIER

6 PLAN P. 82, B5

Accrochée au versant nord de l'Acropole, cette jolie enclave de Plaka date du milieu du XIXe siècle, quand le roi Othon fit venir des maçons d'Anafi pour bâtir son nouveau palais. Ces derniers construisirent leurs maisons dans le style des Cyclades : des cubes blanchis à la chaux ornés de bougainvilliers.Le quartier en compte environ 40 reliées par des venelles si petites que seuls les piétons et les chats errants les empruntent. Entrez par le côté ouest, à côté de l'église de la Transfiguration rue Theorias. Du côté est, gravissez la rue sinueuse de Stratonos. (Stratonos, Plaka)

Musée Kanellopoulos

MUSÉE

7 PLAN P. 82, A5

Cette demeure néoclassique sert d'écrin à une vaste collection d'art, léguée par Paul et Alexandra Kanellopoulos à l'État grec en 1976 : bijoux, vases, icônes, figurines antiques en terre cuite et en bronze... Les plafonds de l'aile byzantine méritent également le coup d'œil. La signalétique laisse un peu à désirer, mais vous aurez sans doute l'endroit pour vous seul. (Theorias 12, angle Panos, Plaka ; pacf.gr ; tarif plein/réduit 3/2 €)

Musée national d'Histoire

MUSÉE

8 PLAN P. 82, E2

Consacré principalement à la guerre d'Indépendance grecque du XIXe siècle, ce musée réunit une impressionnante collection d'armes, de costumes, de drapeaux... Certains effets personnels de lord Byron, qui participa au siège de Missolongi, y sont également conservés – jusqu'au lit de camp où il mourut de la malaria. Mieux vaut toutefois connaître un minimum le sujet, car les explications sont assez limitées. Une aile abrite des bijoux et des costumes folkloriques traditionnels. (Stadiou 13, Syntagma ; www.nhmuseum.gr/en ; tarif plein/réduit/enfant 3/1,5 €/gratuit)

Église Sotira Lykodimou

ÉGLISE

9 PLAN P. 82, F5

La seule église byzantine octogonale d'Athènes, édifiée au XIe siècle, est aujourd'hui la cathédrale orthodoxe russe de la ville. Sa haute coupole ornée du Christ Pantocrator tranche avec sa taille plutôt modeste. L'intérieur scintillant d'or renferme notamment des icônes frappantes de réalisme, exécutées par le peintre grec Nikiforos Lytras (1832-1904) du temps qu'il étudiait à l'école des Beaux-Arts. (Fillelinon, Plateia Rallou Manou, Plaka)

Église Agia Ekaterini ÉGLISE

10 PLAN P. 82, D6

Régulièrement ouverte – fait assez rare pour être remarqué –, cette très vieille église byzantine (XIe siècle) toujours en activité comporte des fresques de la fin du XIXe siècle. Elle fut autrefois propriété du monastère Sainte-Catherine du Sinaï, d'où son nom. La cour à l'avant recèle quelques vestiges romains. (Lysikratous 3, Plaka)

Musée de la Culture grecque moderne (22 rue Panos) MUSÉE

11 PLAN P. 82, A5

Jusqu'en 2024, date à laquelle le nouvel édifice du musée en cours de construction devrait être achevé, cette annexe moderne accueille la petite collection permanente. Des outils d'avant la révolution industrielle sont exposés sur fond de musique traditionnelle, forme d'hommage au génie créatif de la Grèce rurale, beaucoup plus réussi qu'il n'y paraît au premier abord. (Panos 22, Plaka ; www.mnep.gr/en ; tarif plein/réduit/enfant 2/1 €/gratuit)

Hammam des Vents MUSÉE

12 PLAN P. 82, B4

Parmi les rares constructions ottomanes encore debout à Athènes, ce hammam du XVIIe siècle est aussi le seul bain public demeuré intact. De nos jours, impossible de s'y baigner ; mais l'ambiance sonore et les projections font revivre les lieux comme au temps de leur splendeur. (Kyrristou 8, Monastiraki ; www.mnep.gr ; tarif plein/réduit/enfant 2/1 €/gratuit)

Anafiotika

L'autre relève de la garde

Le long du palais présidentiel dans Irodou Attikou, des evzones en costume traditionnel grec effectuent le cérémonial de la relève de la garde à l'écart des touristes de la place Syntagma – et ce même au cœur de la nuit.

Centre des Arts et Traditions populaires MUSÉE

13 PLAN P. 82, D5

La demeure (1920) du folkloriste Angeliki Hatzimichalis (1895-1965), auteur d'une centaine de livres et d'articles sur les traditions grecques, offre un aperçu intéressant de la vie quotidienne dans l'ancien temps. Outre des portraits de la famille, cette jolie maison présente, entre autres, des costumes régionaux et des broderies. (Hatzimihali Angelikis 6, Plaka ; www.opanda.gr)

Maison Benizelos MAISON

14 PLAN P. 82, C4

La "plus vieille maison d'Athènes" présente l'architecture typique des habitations grecques du XVIIe siècle, avec un rez-de-chaussée au sol en terre battue, couvert de pressoirs à raisins et à olives, ainsi que plusieurs pièces lambrissées à l'étage. À l'arrière, des colonnes antiques signalent l'entrée de l'ancienne oliveraie, reconvertie en jardin. Horaires assez restreints. (Adrianou 96, Plaka ; archontiko-mpenizelon.gr)

Musée d'Art enfantin grec MUSÉE

Fondé pour cultiver l'amour de l'art et le développement créatif, ce musée (43 Plan p. 82, E5) expose les œuvres des artistes en herbe et organise des ateliers pour les enfants. (Kodrou 9 ; www.childrensartmuseum.gr)

Athens Happy Train CIRCUIT TOURISTIQUE

15 PLAN P. 82, E3

Sous ses dehors un peu niais, ce petit train rouge sur roues a le mérite de mieux respecter l'environnement urbain que les habituels bus à impériale. Le circuit d'une traite dure 40 minutes, mais on peut monter et descendre à sa guise aux arrêts (Acropole, Monastiraki, stade des Panathénées...). Départ en haut de la rue Ermou toutes les 30-40 minutes. (Plateia Syntagmatos, Syntagma ; www.athenshappytrain.com ; tarif plein/réduit/enfant 5/4/3 €)

Al-Hammam BAINS

16 PLAN P. 82, C5

À l'instar des deux autres bains turcs d'Athènes, Al-Hammam, niché dans une jolie demeure ancienne de Plaka, est un peu exigu. Mais ses marbres, carreaux et lustres colorés composent un beau décor dans le style ottoman ; de plus, ce hammam est toujours en activité. Une fois sorti de la vapeur, vous pourrez prendre le thé sur la terrasse en contemplant l'Acropole. (Tripodon 16, Plaka ; alhammam.gr)

Se restaurer

Avocado

VÉGÉTARIEN **€**

17 PLAN P. 82, E4

Ce café prisé offre une carte complète de plats végétaliens, bio et sans gluten – sandwichs, quinoa aux aubergines, curry de légumes au lait de coco, etc. – ainsi que des jus de fruits et lassis à la mangue maison. (Nikis 30, Plaka ; www.avocadoathens.com ;)

Evgenia

TAVERNA **€€**

18 PLAN P. 82, D4

À la périphérie de Plaka, cette *taverna* sans fioritures, avec quelques tables sur le trottoir, est imbattable pour ses excellentes recettes traditionnelles. Il y a une carte, mais préférez l'un des plats du jour (comme le *saganaki* à la crevette). (Voulis 44a, Plaka)

Granello

PIZZA

19 PLAN P. 82, D2

La pizza traditionnelle italienne est à l'honneur dans ce petit restaurant situé dans une ruelle derrière la rue Perikleous. Quelques tables en métal permettent de manger dehors au milieu de peintures

Bains turcs Al-Hammam

Glaces artisanales

Chez **Cremino** (Nikis 50a, Plaka ; www.facebook.com/cremino.athens), la charmante propriétaire fabrique elle-même ses glaces et sorbets à base de lait de bufflonne, à la fois fortes en goût et incroyablement légères. Les parfums changent chaque jour, mais goûtez si possible le *kaïmaki*, une recette traditionnelle de Chios, composé de mastic (résine du pistachier lentisque) et de salep (poudre issue de tubercules d'orchidées sauvages).

murales, mais vous pouvez aussi emporter votre pizza. (Perikleous 18 ; www.granellopizza.gr)

Aspro Alogo — TAVERNA €€

20 PLAN P. 82, D4

D'apparence modeste, avec sa porte simple au milieu d'immeubles de bureaux et d'hôtels, cette *taverna* sert d'excellents plats traditionnels grecs. La famille accueillante qui la tient utilise des ingrédients très frais. (Apollonos)

Shiraki — JAPONAIS

21 PLAN P. 82, E4

Les propriétaires et le personnel chaleureux servent avec diligence une délicieuse cuisine japonaise. Les sushis sont chers mais frais, et les plats traditionnels, des nouilles *udon* au *tonkatsu* (porc pané), variés. (Nikis 17 ; www.shiraki.gr)

Tzitzikas kai Mermigas — MEZZE €€

22 PLAN P. 82, E3

En plein centre d'Athènes, cette joyeuse adresse moderne aux étagères chargées de produits grecs propose des mezze aussi délicieux qu'originaux – goûtez le fromage de Naxos enveloppé de lard et de miel. (Mitropoleos 12-14, Syntagma ; www.tzitzikasmermigas.gr)

Brigante — ITALIEN €€

23 PLAN P. 82, F4

Ne vous fiez pas au cadre urbain et animé. Les propriétaires de cette trattoria font leurs pizzas et leurs pâtes dans les règles de l'art et les servent avec le sourire. Le lieu ferme à 21h, ce qui est tôt pour la Grèce. (Xenofontos 6 ; www.facebook.com/brigante.cucina)

Glykys — MEZZE €

24 PLAN P. 82, D5

Dans un coin tranquille de Plaka, la cour ombragée du Glykys est principalement fréquentée par les étudiants et les riverains. Succulente sélection de mezze et de plats traditionnels comme le *briam* (légumes au four), disponible uniquement le soir et la seiche au vin. (Angelou Geronta 2, Plaka ; www.glykys.gr)

Prendre un verre

Baba Au Rum

BAR À COCKTAILS

25 PLAN P. 82, C2

Dans une rue comptant plusieurs bars intéressants, cette adresse met le rhum à l'honneur à travers une excellente sélection de marques caribéennes rares et une large gamme de cocktails créatifs, classiques et inventifs. (Klitiou 6, Monastiraki ; www.babaaurum.com)

Heteroclito

BAR À VINS

26 PLAN P. 82, D3

Cette adresse décontractée offre les meilleurs crus de Grèce, assortis de fromages et de charcuteries du terroir, dans un décor de meubles vintage dépareillés ou à la terrasse. Dégustations organisées régulièrement. (Fokionos 2, Monastiraki ; www.heteroclito.gr)

The Clumsies

BAR

27 PLAN P. 82, C1

Les célèbres barmen aux commandes ne plaisantent pas avec le café et les cocktails créatifs ; pour autant, le Clumsies ne se prend pas au sérieux. Une clientèle sophistiquée investit les lieux le week-end. Cherchez l'entrée discrète éclairée au néon rouge. Vous pouvez réserver The Room, un espace cosy pour 6 à 10 personnes à l'étage. (Praxitelous 30, Syntagma ; www.theclumsies.gr)

Brettos

BAR

28 PLAN P. 82, D6

Adresse rétro, envahie de bouteilles et d'énormes tonneaux, Brettos compense largement le manque de bars à Plaka – et se double en plus d'une distillerie. Ses murs plus que centenaires sont tapissés de bouteilles multicolores et d'énormes fûts. Vin, ouzo, cognac et autres alcools maison. (Kydathineon 41, Plaka ; brettosplaka.com)

Barley Cargo

BAR

29 PLAN P. 82, D2

Laissez votre Alfa de côté : nombre de bières artisanales grecques ainsi qu'une centaine de marques internationales vous attendent dans ce bar à la devanture ouverte sur la rue. Musique live certains soirs. (Kolokotroni 6, Syntagma ; www.facebook.com/BarleyCargo)

Galeries marchandes

N'hésitez pas à pénétrer dans les *stoas* (galeries marchandes) qui traversent les grands immeubles autour de Syntagma. À l'écart des rues, vous croiserez sûrement des *ouzeria* à l'ancienne, des commerces spécialisés, des petits bijoux de bars à cocktails ou peut-être même des soirées éphémères avec DJ. Les espaces en sous-sol réservent aussi des surprises intéressantes.

ARON M/SHUTTERSTOCK ©

Brettos (p. 91)

Loser

BAR

30 PLAN P. 82, E4

Juchés sur les rares tabourets, les gens papotent dans ce petit bar, véritable havre de paix dans le centre animé d'Athènes. Musique relaxante, personnel agréable et boissons parfaites. (Voulis 45-47)

Yiasemi

CAFÉ

31 PLAN P. 82, B5

Une faune hétéroclite de jeunes Athéniens passe des heures entières dans les gros fauteuils ou sur les marches panoramiques du Yiasemi : preuve que le tourisme n'a pas entièrement dépossédé Plaka de son âme locale.

Mieux vaut y aller en journée (en particulier pour le buffet végétarien du petit-déjeuner) et les soirs de semaine, quand les restaurants voisins ne gâchent pas l'ambiance. (Mnisikleous 23, Plaka ; yiasemi.gr)

Kiki de Grece

BAR À VINS

32 PLAN P. 82, D4

Kiki de Montparnasse, l'égérie de Man Ray, déclara un jour n'avoir besoin dans les temps difficiles que de pain, d'un oignon et d'une bouteille de rouge.

Sis dans une rue piétonne, le bar qui en a fait sa muse décline un choix impressionnant de vins grecs, mariés à des plats de différentes régions du pays. (Ipitou 4 ; www.facebook.com/kikidegrece)

Seven Jokers

BAR

33 PLAN P. 82, E2

Ce bar central et animé offre un charmant décor, où le bois et le laiton dominent, et des vins et cocktails tendance. (Voulis 7 ; www.instagram.com/the7jokersbar.athens)

Oinoscent

BAR À VINS

34 PLAN P. 82, E4

L'équipe à la tête de ce bar et magasin de vins s'y entend en matière de crus, qu'ils soient grecs ou étrangers. (Voulis 45-47 ; www.oinoscent.gr)

Klepsidra

CAFÉ

35 PLAN P. 82, B5

Avant et après le travail, les riverains aiment aller dans ce café à la terrasse ombragée et au personnel accueillant. Ce coin paisible, à l'extrémité ouest de Plaka, est idéal pour souffler après des visites touristiques. Il sert un petit choix d'en-cas (4 €), comme des feuilletés aux épinards (*spanakopita*). (www.facebook.com/klepsidracafe)

Melina

CAFÉ

36 PLAN P. 82, C5

Hommage à Melina Mercouri, ce café-bar est orné d'images de l'actrice et femme politique qui milita, sans succès, pour le retour à Athènes des fragments de frise du Parthénon conservés au British Museum. Le dimanche est le meilleur jour pour profiter de l'animation du lieu et observer le va-et-vient de Plaka depuis la terrasse. (Lyssiou 22, Plaka)

Le vieux quartier de Plaka

Sortir

Cine Paris

CINÉMA

37 PLAN P. 82, D5

Lieu magique pour voir un film, ce cinéma des années 1920 installé sur un toit de Plaka a vue sur l'Acropole depuis certains fauteuils. (Kydathineon 22, Plaka ; www.cineparis.gr)

Perivoli tou Ouranou

MUSIQUE TRADITIONNELLE

38 PLAN P. 82, D6

Cette *taverna* rustique à l'ancienne, avec musique traditionnelle, est une institution de Plaka (menus de 40 à 50 €). (Lysikratous 19, Plaka ; www.facebook.com/toperivolitououranou)

Stamatopoulos

MUSIQUE TRADITIONNELLE

39 PLAN P. 82, C5

Ce restaurant de Plaka fondé en 1882 propose des concerts de 21h à 1h du matin. L'adresse est si célèbre qu'on se croirait un peu sur le tournage d'un film. Les clients se pressent dans les jardins sur deux niveaux ou dans la salle cosy ornée de peintures murales. Les Grecs sont de plus en plus nombreux au fil de la soirée. (Lyssiou 26, Plaka ; www.stamatopoulostavern.gr)

Mode grecque

Le grand magasin haut de gamme **Attica** (Plan p. 82, F2 ; www.atticadps.gr) vend les habits des meilleurs créateurs locaux (Zeus + Dione de fabrication grecque, par exemple). Profitez des soldes pour rafraîchir votre garde-robe.

Shopping

Flâneur

DESIGN

40 PLAN P. 82, C5

Cette charmante enseigne propose une collection de souvenirs et d'articles de voyage design, de carnets de notes estampillés "φλανέρ" ("flâneur" en grec) ainsi que des vinyles de groupes indé grecs. (Flessa 1, Plaka ; www.facebook.com/flaneursouvenirsandsupplies)

Forget Me Not

CADEAUX ET SOUVENIRS

41 PLAN P. 82, C4

Un petit magasin où dénicher des articles de mode et de déco sortant de l'ordinaire, dessinés par des créateurs grecs, tels que dessous-de-verre "mauvais œil" ou sandales de plage ailées. (Adrianou 100, Plaka ; www.forgetmenotathens.gr)

Ioanna Kourbela

MODE ET ACCESSOIRES

42 PLAN P. 82, D5

Cette créatrice grecque offre une mode classique et décontractée privilégiant les fibres naturelles : élégants drapés de coton et de soie aux tons

Athènes : crise économique et reprise

Les rues vivantes et les cafés animés d'Athènes ne trahissent pas immédiatement la crise financière dans laquelle la Grèce se débat pourtant depuis 2010. La situation de la capitale s'améliore, mais la hausse des impôts et la réduction drastique des retraites – imposées comme conditions par l'UE et le FMI pour sauver le pays du marasme – ont touché presque tout le monde et creusé encore davantage les clivages économiques au sein de la population.

Les sans-abri, les suicides, l'usage de drogues, ainsi que les cambriolages et actes de violence, autrefois rares, ont augmenté. Les jeunes Grecs, généralement diplômés, ont fait face à un taux de chômage d'environ 45 %. Il y a eu une amélioration puisqu'il avoisinait les 37 % en 2021.

La crise a culminé en 2015, quand le système bancaire a failli s'effondrer et que le Premier ministre Alexis Tsipras, opposé aux mesures d'austérité, a fait curieusement volte-face en signant un nouveau plan de sauvetage trois jours après le "non" massif des Grecs au référendum organisé sur le sujet. Des manifestations de grande ampleur et des heurts violents avec la police se sont alors ensuivis. Vers la même période, des milliers de réfugiés fuyant les conflits et les persécutions en Syrie, Irak, Afghanistan, Érythrée et Afrique de l'Ouest ont commencé à débarquer chaque jour en Grèce, transformant le port du Pirée et la Plateia Viktoria en véritables campements improvisés. Les immigrés constituent environ 11 % de la population de la région. L'immigration qui a vraiment débuté dans les années 1990, a redynamisé certains quartiers.

En ce qui concerne les prévisions économiques, en mars 2022 le taux de chômage était de 12,8 %, son plus bas niveau depuis 12 ans. Après les confinements dus à la pandémie de Covid-19 en 2020 et 2021, le tourisme connaît un regain fulgurant. Avant la pandémie, le revenu qu'il générait était très élevé (plus de 18 milliards € en 2019). Il a dépassé les 10 milliards € en 2021 et devrait battre de nouveaux records en 2022 (au moment de la rédaction de ce guide). Néanmoins, malgré la reprise économique, l'inflation et l'incertitude ne permettent pas de garantir quoi que ce soit.

naturels et chauds, et habits simples et lâches. Sa collection de haute couture est visible sur rendez-vous. (Adrianoy 109 ; ioannakourbela.com)

Amorgos

ARTISANAT

43 PLAN P. 82, E5

Jouets en bois, marionnettes de théâtre d'ombres (*karagiozi*),

NEJDET DUZEN/SHUTTERSTOCK ©

La rue Adrianou

céramiques, broderies et objets d'art populaire, ainsi que des meubles en bois sculpté, fabriqués par le propriétaire de cette adorable boutique. (Kodrou 3, Plaka ; www.amorgosart.gr)

Alexis Papachatzis

BIJOUX

44 PLAN P. 82, C4

Cette bijouterie est un enchantement avant même d'en franchir le seuil : tournez la manivelle de la vitrine, et vous la verrez s'animer.

Les créations de Papachatzis – petits personnages, nuages et animaux en argent massif et émail – semblent sorties d'un livre de contes. (Erehtheos 6, Plaka ; www.alexisp.gr)

Korres

COSMÉTIQUES

45 PLAN P. 82, E3

Dans cette pharmacie homéopathique, maison mère de la grande marque de cosmétiques éponyme, vous pourrez vous procurer toute la gamme des produits de beauté naturels Korres – à de meilleurs prix qu'en France. (Ermou 4, Syntagma ; www.korres.com)

Eleni Marneri Galerie

BIJOUX

46 PLAN P. 82, E6

Admirez les expositions temporaires d'art local moderne et quelques-uns des plus beaux bijoux de la ville. Faits main et originaux, ils se remarquent. (Pittakou 8 ; www.elenimarneri.com)

Finewine

VIN

46 PLAN P. 82, C6

Les vins les plus fins sont en vente dans cette petite rue sinueuse de Plaka où quelques tables permettent de les goûter. Avec ses rangées de millésimes grecs tapissant ses murs très anciens, ce lieu est apprécié des curieux et des amateurs de vins locaux. (Thespidos 12, Plaka ; www.finewine.gr)

Xylouris

MUSIQUE

47 PLAN P. 82, F1

Dans une galerie marchande abritant plusieurs magasins de musique, cette caverne d'Ali Baba est tenue par la famille du légendaire compositeur crétois Nikos Xylouris.

Faites-vous guider à travers le vaste choix de musiques traditionnelles grecques, ou demandez conseil pour l'achat d'un bouzouki.

Présence d'une succursale au musée des Instruments de musique populaire (p. 83). (Panepistimiou 39, Panepistimio ; xilouris.gr)

Actipis

BIJOUX

48 PLAN P. 82, D2

Spiros Actipis conçoit des bijoux élégants à partir de matériaux comme des cailloux polis, d'argent brillant et de cuir brut.

Sa boutique ferme l'été pour s'installer à Mykonos. (Lekka 20, Syntagma ; www.facebook.com/actipisjewellery)

Hauts lieux du shopping

- **Adrianou** Des magasins de souvenirs, et un certain nombre d'adresses vendant des articles design, jalonnent cette rue. Les commerces y ferment généralement tard.

- **Ermou** La première artère commerçante moderne d'Athènes abrite surtout des enseignes de chaînes, mais a l'avantage d'être piétonne. À l'instar de celle-ci, bon nombre de villes grecques comptent une rue commerçante portant le nom d'Hermès (Ermou en grec), le dieu des Marchands.

Aidinis Errikos

ARTISANAT

49 PLAN P. 82, E4

Errikos Aidini réalise de belles créations en métal dans l'atelier de cette ravissante boutique – petits miroirs, bougeoirs, lampes, aéroplanes et bateaux en bronze (sa spécialité). (Nikis 32, Syntagma ; www.facebook.com/Errikos.Aidinis)

Anavasi

LIVRES, CARTES

50 PLAN P. 82, E4

Une grande librairie de voyage proposant de nombreuses cartes de la Grèce, ainsi que divers guides pour la randonnée et d'autres activités. (Voulis 32, Syntagma ; www.anavasi.gr)

Promenade à pied

Le centre d'Athènes

Dynamique et riche en monuments, le centre d'Athènes se visite le mieux à pied. Le cœur historique et les principaux sites archéologiques, édifices, musées et lieux d'intérêt se situent à une courte distance les uns des autres : la Plateia Syntagmatos (place Syntagma), où siège le Parlement, débouche sur les quartiers historiques de Plaka et de Monastiraki. Idéal pour se faire une idée de la vie dans le centre.

La promenade

Départ Plateia Syntagmatos

Arrivée Marché aux puces de Monastiraki

Distance 2,5 km

Durée trois heures

❶ Plateia Syntagmatos

La place Syntagma, qui doit son nom à la Constitution du 3 septembre 1843, est considérée comme le centre d'Athènes. Arrangez-vous pour faire coïncider votre visite avec la relève de la garde devant la **tombe du Soldat inconnu** (p. 84). Au nord de l'entrée du métro, vous remarquerez les vestiges d'un cimetière antique et de l'aqueduc de Pisistrate.

❷ Monument de Lysicrate

Ce **piédestal en marbre sculpté** (angle Sellei et Lysikratous, Plaka) datant de 334 av. J.-C. se dresse dans la rue des Trépieds (Tripodon). Les vainqueurs des concours d'art dramatique et de chant dédiaient leurs trophées en bronze à Dionysos sur ces monuments, qui jalonnaient alors la voie jusqu'au théâtre de Dionysos, au pied de l'Acropole.

❸ Quartier d'Anafiotika

Dans Stratonos, rue bordant l'Acropole, l'**église Saint-Georges-du-Rocher** marque l'entrée d'**Anafiotika** (p. 86), une pittoresque enclave de Plaka évoquant les Cyclades.

❹ Bains turcs

Le joli **hammam des Vents** (p. 87) d'époque ottomane a été restauré et transformé en musée. Au coin de la rue, la boutique du **musée des Instruments de musique populaire** (p. 85) occupe également d'anciens bains turcs.

❺ Plateia Mitropoleos

Faites un tour au nord sur la **Plateia Mitropoleos**, siège de la **cathédrale d'Athènes** (p. 67) et de l'église Agios Eleftherios du XIIe siècle (dite la **Petite Métropole**) construite à partir de fragments de temples antiques et d'anciens monuments chrétiens.

❻ Bibliothèque d'Hadrien

La rue Pandrosou, vestige du vieux bazar turc, compte de nombreuses boutiques de souvenirs. Elle mène à la **bibliothèque d'Hadrien** (p. 67), érigée par l'empereur romain vers 132 et jadis le bâtiment public le plus fastueux de la ville.

❼ Marché aux puces de Monastiraki

Traversez la place centrale de Monastiraki, pleine de vendeurs de rue, et suivez Ifestou jusqu'au marché aux puces autour de la Plateia Avyssinias. Le **marché aux puces de Monastiraki** (p. 63) englobe en fait la rue Ifestou, mais les articles intéressants se trouvent surtout près de la place Avyssinias.

Une petite pause ?

À mi-parcours, du côté ouest de Plaka, faites une halte au paisible café **Klepsydra** (Klepsydras et Thrasyvoulou, Plaka), fréquenté par les habitants avant et après le travail.

Explorer Kolonaki

Kolonaki est un quartier chic, huppé et élitiste qui s'étend presque de la place Syntagma aux versants du Lycabette. Point de rencontre entre vieilles fortunes et nouveaux riches, il abrite d'excellents musées et des rues ordonnées et arborées bordées de boutiques chics. Allez-y pour goûter à la belle vie… et peut-être acheter des chaussures.

Notre sélection

- ***Musée Benaki (p. 102)*** *Il renferme toute la beauté de la Grèce, de l'Antiquité au début du XXe siècle.*
- ***Musée byzantin et chrétien (p. 108)*** *Il compte des salles au style, disons, byzantin : les dorures abondent dans chacune d'elles.*
- ***Musée d'Art cycladique (p. 108)*** *Admirez les figurines en marbre sculptées il y a plus de 4 000 ans.*
- ***Colline du Lycabette (p. 105)*** *Montez en funiculaire au sommet du Lycabette, la "colline des loups" et contemplez la vue.*
- ***Lèche-vitrines (p. 114)*** *Flânez dans les rues ombragées de Kolonaki pour découvrir les articles de créateurs grecs, comme Katerina Ioannidis.*

Comment s'y rendre et circuler

Ⓜ La station Evangelismos (ligne bleue) dessert la partie est de Kolonaki.

Ⓜ La station Syntagma (lignes bleue et rouge) dessert la limite ouest du quartier.

Plan de Kolonaki p. 106

Mont Lycabette APOSTOLIS GIONTZIS/SHUTTERSTOCK ©

Les incontournables

Plonger dans la culture grecque au musée Benaki

Pendant 35 ans, Antonis Benakis (1873-1954), fils de politicien et fervent amateur d'art, rassembla dans l'ancienne maison familiale toutes ses trouvailles ramenées de voyages en Europe et en Asie. Splendide et très diversifiée, la collection s'étale aujourd'hui sur trois étages et offre un panorama assez complet de la culture grecque au cours de l'histoire.

PLAN P. 64

www.benaki.gr

Koumbari 1, angle Leoforos Vasilissis Sofias, Kolonaki

tarif plein/étudiant/enfant 12 €/9 €/gratuit

Rez-de-chaussée

Pièces préhistoriques

Dans la salle 1 sont conservés des outils en silex datant du paléolithique moyen (50 000-40 000 av. J.-C.). Peut-être les plus vieux objets créés par l'homme que vous verrez jamais.

École crétoise de peinture

Sous la domination vénitienne (XVe-XVIe siècle), les artistes crétois développèrent de nouvelles techniques pour l'ornementation des icônes (épaisseur des contours, représentation fidèle des drapés et de la peau...), encore utilisées de nos jours. On peut admirer des chefs-d'œuvre du genre dans la salle 12, notamment des peintures de Domenikos Theotokopoulos (le Greco, 1541-1614), ainsi que dans la salle 27 dédiée à Theodoros Poulakis (1622-1692).

Premier étage

Salles de réception

Benakis alla jusqu'à acquérir et transposer dans le musée des pièces entières extraites de riches demeures, toutes en boiseries sculptées et vitraux. Après l'éblouissante section consacrée aux richesses de l'Épire des XVIIIe et XIXe siècles, ne manquez pas la salle de réception de la maison Voulgaris, ramenée d'Hydra, non plus que cette autre pièce débusquée à Kozani (Macédoine), datant du milieu du XVIIIe siècle.

Costumes

Au 1er étage, vous pouvez admirer les innombrables costumes des régions et îles grecques (Péloponnèse, Épire, Macédoine, Thrace...) témoignant de la diversité culturelle du pays, ainsi que d'anciens objets à la valeur inestimable, tels que des cadres de porte en marbre sculpté et des couronnes ottomanes serties de joyaux.

★ À savoir

- Jeudi est un bon jour pour visiter le musée qui est ouvert jusqu'à minuit et gratuit à partir de 18h.
- Un pass (30 €) valable 3 mois couvre le musée Benaki et ses neuf antennes (une entrée par musée), dont l'annexe Pireos dédiée à l'art contemporain (p. 163) et le musée d'Art islamique (p. 163).

Une petite pause ?

Le café (p. 111) du musée Benaki est réputé pour sa bonne cuisine, servie sur une terrasse dominant le Jardin national et l'Acropole. Autrement, optez pour l'un des cafés de la Plateia Kolonakiou, comme le Da Capo (p. 113).

Promenade à pied

Kolonaki : un quartier dans le vent

Quartier huppé, Kolonaki attire célébrités, acteurs, politiciens et journalistes, auxquels se mêle encore un défilé de vieilles aristocrates athéniennes et de modeuses chics de sortie. Aux bars sur la place éponyme, les jeunes préfèrent ceux de Skoufa, Haritos et Ploutarhou. Joignez-vous au mouvement pour profiter de l'ambiance distrayante et branchée.

La promenade

Départ Skoufa à Lykavittou

Arrivée Dinokratous près de Plateia Dexameni

Distance 1,8 km

Durée deux heures

❶ À l'heure du café

La pause-café est le passe-temps favori à Kolonaki. Le rituel trouve ses racines historiques au **Filion** (Skoufa 34, Kolonaki ; www.filioncafe.com ; 📶), café sympathique, théâtre de nombreuses intrigues politiques (surtout à l'époque où il s'appelait Dolce), à en croire la vieille garde locale qui vient aujourd'hui y feuilleter son journal.

❷ Pour la maison

Joliment restauré, ce manoir du XIXe siècle conçu par Ernst Ziller abrite la galerie **Allouche Benias** (Kanari 1, Kolonaki ; http://allouchebenias.com). Deux ou trois par an, des œuvres contemporaines aux styles et aux techniques variés d'artistes étrangers et grecs y sont exposées.

❸ Beauté

Apivita (Solonos 6, Kolonaki ; www.apivita.com) est la devanture officielle de la marque de cosmétiques apicoles éponyme. Pourquoi ne pas vous offrir un soin du visage dans le spa ?

❹ Taverna traditionnelle

Toujours bondé, le **Filippou** (Xenokratous 19, Kolonaki ; www.filippou.gr) est une *taverna* classique fondée en 1923, réputée pour sa cuisine maison. Des tables aux nappes blanches sont installées dans la cour – réservez.

❺ Colline du Lycabette

Un sentier partant du haut de la rue Loukianou gravit le Lycabette (www.lycabettushill.com), d'où la vue splendide embrasse la ville et le bassin de l'Attique. On peut aussi prendre le **funiculaire** (www.lycabettushill.com) du haut de Ploutarhou.

❻ Église sur une colline

Trônant au sommet de la colline, la **chapelle Agios Georgios** (colline du Lycabette, Kolonaki) éclaire la nuit tel un phare. Avec un peu de chance, vous tomberez sur une cérémonie de mariage.

❼ Dîner en terrasse

Oikeio (p. 110) est une *taverna* moderne proposant une excellente cuisine familiale à prix abordables. Depuis les tables réparties sur le trottoir, vous pourrez observer les allées et venues du beau monde. Réservez pour dîner le week-end.

❽ Dernier verre

Sur les hauteurs de Kolonaki, le **Jazz in Jazz** (p. 112) convient à merveille pour prendre un dernier verre de vin ou de whisky dans un cadre cosy. Le reflet des bougies sur les instruments de musique accrochés aux murs tamise la pièce d'une jolie lueur cuivrée.

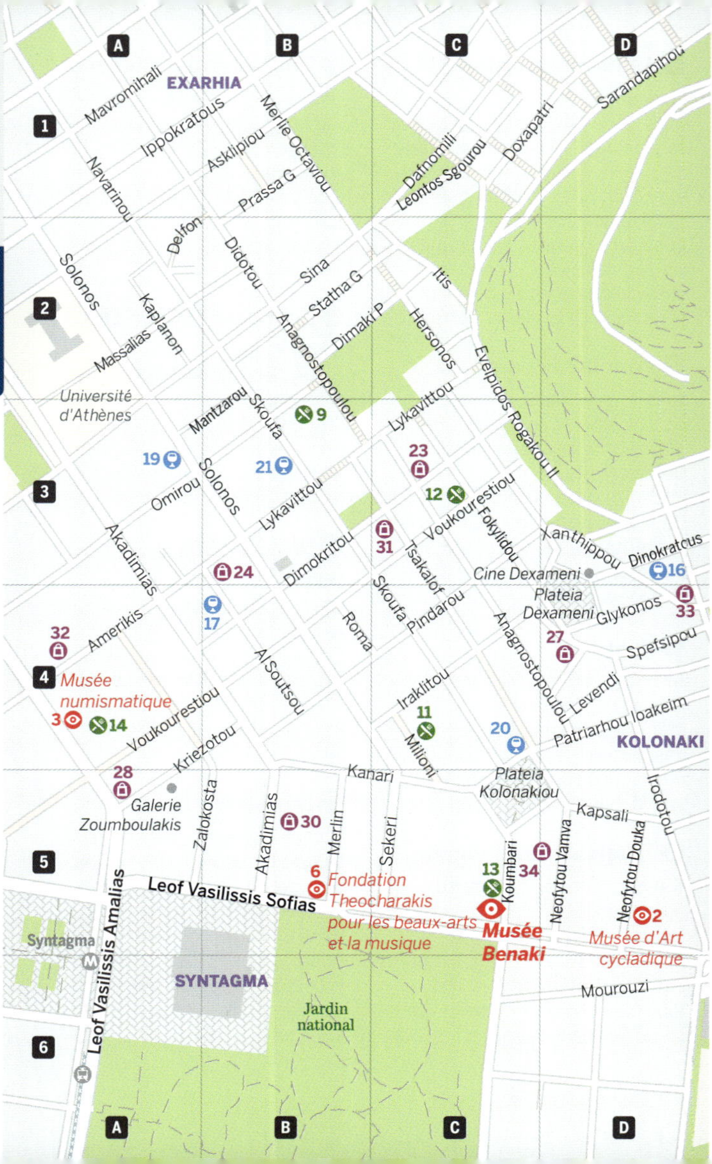
A
B
C
D
1
2
3
4
5
6
EXARHIA
Mavromihali
Ippokratous
Asklipiou
Merlie Octaviou
Navarinou
Prassa G
Dafnomili
Leontos Sgourou
Doxapatri
Sarandapihou
Delfon
Didotou
Solonos
Kaplanon
Massalias
Sina
Statha G
Dimaki P
Itis
Hersonos
Anagnostopoulou
Université d'Athènes
Mantzarou
Skoufa
9
Lykavittou
Evelpidos Rogakou II
19
21
23
12
Omirou
Solonos
Lykavittou
Voukourestiou
Fokylidou
31
Akadimias
24
Dimokritou
Tsakalof
Xanthippou
Dinokratous
Cine Dexameni
16
17
Skoufa
Pindarou
Plateia Dexameni
Glykonos
33
32
Amerikis
Roma
Anagnostopoulou
27
Spefsipou
Al Soutsou
Iraklitou
Levendi
Musée numismatique
3
14
Voukourestiou
11
20
Patriarhou Ioakeim
KOLONAKI
Kriezotou
Milioni
28
Kanari
Plateia Kolonakiou
Irodotou
Galerie Zoumboulakis
Zalokosta
Akadimias
30
Merlin
Sekeri
Kapsali
Neofytou Vamva
Neofytou Douka
13
Koumbari
34
Leof Vasilissis Amalias
Leof Vasilissis Sofias
6
Fondation Theocharakis pour les beaux-arts et la musique
Musée Benaki
2
Musée d'Art cycladique
Syntagma
SYNTAGMA
Jardin national
Mourouzi
Leof Vasilissis Amalias

E
F
G
H
1
2
3
4
5
6
0
200 m
Colline du Lycabette
Funiculaire
Hoida
Doras D'Istria
Aristodimou
Aristippou
Kleomenous
Irofilou
Plateia Dante
Dinokratous
Xenokratous
Marché de Kolonaki
Aheou
Souidias
Haritos
Patriarhou Ioakeim
Athineon Efivon
Karahristou
Dimoharous
Dinokratous
Evzonon
Genadiou I
Iasiou
Pateral
Ravine
Monis Petraki
Ypsilandou
Marasli
Alopekis
Loukianou
Ploutarhou
Karneadou
Ypsilandou
Karaoli-Dimitriou
Plateia Megalis tou Genous Sholi
Ventiri K
Evangelismos
Leof Vasilissis Sofias
Evangelismos
Leof Vas Konstantinou
Galerie nationale
Lycée d'Aristote
5
Musée de la Guerre
4
1
Musée byzantin et chrétien
Rizari
29
21
14
9
17
25
26
7
6
Nos adresses
Les incontournables p. 102
Voir p. 108
Se restaurer p. 110
Prendre un verre p. 112
Sortir p. 113
Shopping p. 114

Voir

Musée byzantin et chrétien MUSÉE

1 PLAN P. 106, E6

Ce remarquable musée – sur le domaine de la villa Ilissia (1848) – renferme dans de vastes galeries en sous-sol une collection d'art chrétien inestimable (IIIe-XXe siècle). Fascinant voyage à travers l'histoire du monde byzantin et postbyzantin, la visite est parsemée d'icônes, bien sûr, mais aussi de fresques, de mosaïques, de sculptures, de textiles, de manuscrits et de vêtements sacerdotaux, agréablement présentés.

Jouxtant le lycée d'Aristote, le parc (entrée libre) de la villa se compose de jardins à la française émaillés de ruines antiques, parmi lesquelles un tronçon de l'aqueduc de Pisistrate du VIe siècle av. J.-C. Le ravissant café offre une belle vue sur la verdure.

Valable 3 jours, le billet combiné donnant aussi accès au musée national d'Archéologie (p. 130) et au Musée épigraphique (p. 137) coûte 15 € (étudiant 8 €). (Leoforos Vasilissis Sofias 22, Kolonaki ; www.byzantinemuseum.gr ; tarif plein/réduit 4 €/gratuit nov-mars, 8 €/gratuit avr-oct)

Musée d'Art cycladique MUSÉE

2 PLAN P. 106, A4

Ce musée privé conserve la plus importante collection indépendante d'art cycladique. La simplicité et la pureté des formes des figurines funéraires en marbre du 1er étage (3000-2000 av. J.-C.) inspirèrent de nombreux artistes du XXe siècle, comme Picasso et Modigliani. La plupart de ces idoles blanches sont étonnamment petites, mais leurs dimensions peuvent grandement varier – l'une d'elles est presque à taille humaine. Le reste du musée présente des œuvres grecques et chypriotes (2000 av. J.-C.-IVe siècle). Il met l'accent sur l'utilisation de ces objets, tout particulièrement au 4e étage, où l'exposition "Scènes de la vie quotidienne dans l'Antiquité" présente des photographies de reconstitutions. Si vous en avez assez de l'histoire, sachez qu'il y a peut-être une exposition d'art contemporain dans le manoir adjacent. Ce dernier est accessible par un tunnel derrière le **café** moderne et charmant du rez-de-chaussée. Une **boutique** vend aussi d'élégants présents. (Neofytou Douka 4, angle Leoforos Vasilissis Sofias, Kolonaki ; https://cycladic.gr ; tarif plein/réduit/enfant 12/7 €/gratuit)

Musée numismatique MUSÉE

3 PLAN P. 106, A4

La belle demeure d'Heinrich Schliemann, pionnier de l'archéologie grecque qui découvrit les ruines de Troie et de Mycènes (p. 131), sert d'écrin à une intéressante collection de monnaies anciennes. Construite en 1881 par l'architecte Ernst Ziller, la maison arbore des sols en mosaïques et les murs sont couverts de fresques peintes aux motifs inspirés de l'Antiquité. Un excellent café se trouve dans le petit jardin attenant. (Panepistimiou 12 ; www.nummus.gr ; tarif plein/réduit 6/3 €)

Musée de la Guerre MUSÉE

4 PLAN P. 106, F5

Installé dans un bâtiment massif du temps des généraux, ce musée illustre à travers des armes, souvenirs militaires, plans et maquettes les conflits qui marquèrent l'histoire de la Grèce, de la civilisation mycénienne à nos jours. Il compte des pièces impressionnantes, notamment des avions de chasse et une copie du *Daedalus* de 1912, le premier avion militaire grec. (Rizari 2, angle Leoforos Vasilissis Sofias, Kolonaki ; www.warmuseum.gr ; tarif plein/réduit 6/3 €)

Lycée d'Aristote RUINES ANTIQUES

5 PLAN P. 106, E6

Les vestiges du lycée fondé par Aristote en 335 av. J.-C. n'ont été exhumés qu'en 2011. Dans ce gymnasium, initialement situé hors des murs de la ville, le philosophe enseignait la rhétorique et la philosophie à ses disciples tout en marchant, ce qui valut à son courant de pensée de prendre le nom d'école péripatéticienne (de *peripatetikos*, "qui aime se promener en discutant"). Vous pouvez vous promener de la même manière parmi les ruines en humant l'agréable parfum des plantes. (angle Rigillis et Leoforos

Le Musée byzantin et chrétien

MILAN GONDA/SHUTTERSTOCK ©

Grèce byzantine

À la suite de la montée en puissance de l'Empire romain d'Orient (ou Empire byzantin), au carrefour des civilisations grecque et chrétienne, l'empereur romain Constantin Ier, qui s'était converti au christianisme, désigna la cité grecque de Byzance (renommée Constantinople en 330, puis Istanbul sous les Ottomans) comme capitale de l'Empire. Alors que Rome déclinait, la capitale orientale commença à gagner en influence et en richesse.

Le christianisme devint la religion officielle de la Grèce en 394. Dès lors, l'adoration des dieux grecs et romains fut interdite. Athènes demeura un centre culturel majeur jusqu'en 529, quand l'enseignement de la philosophie "païenne" classique fut proscrit au profit de la théologie chrétienne.

Au cours des siècles qui suivirent, la Grèce byzantine conserva son emprise sur la région, malgré les assauts des Perses et des Arabes. De 1200 à 1450, la cité fut occupée par une succession d'envahisseurs – Francs, Catalans, Florentins et Vénitiens. La prise de Constantinople par les Ottomans en 1453 signa la fin de l'Empire byzantin. Lorsqu'elle fut désignée capitale de la Grèce en 1834 à l'issue de la guerre d'Indépendance, Athènes n'avait plus rien de sa grandeur d'antan.

Vasilissis Sofias, Kolonaki ; odysseus.culture.gr ; tarif plein/réduit 4/2 €)

Fondation Theocharakis pour les beaux-arts et la musique

CENTRE D'ART

6 PLAN P. 106, B5

Ce centre artistique offre sur ses trois niveaux de bonnes expositions qui changent quatre ou cinq fois par an. Pour avoir plus d'informations en anglais, téléchargez l'application Clio Muse (https://cliomusetours.com). Il comporte aussi un théâtre accueillant des concerts classiques et d'autres événements. (Merlin 1 ; www.thf.gr)

Se restaurer

Oikeio

MÉDITERRANÉEN **€€**

7 PLAN P. 106, E4

Taverna moderne, au décor de bistrot avec terrasse sur le trottoir, l'"Accueillant" propose une cuisine maison fort réussie. La carte comprend des pâtes, salades et plats internationaux savoureux, mais préférez le *mayirefta* (plat mijoté ou cuit au four) du jour, tel que les courgettes farcies. Réservez le week-end. (Ploutarhou 15, Kolonaki ; www.facebook.com/oikeio)

Kostarelos FROMAGERIE €

8 PLAN P. 106, E4

Pour l'anecdote, les Grecs sont les plus gros consommateurs de produits laitiers en Europe, avec une moyenne de 30 kg par personne et par an. On comprend vite pourquoi en entrant chez Kostarelos, vieille fromagerie familiale en activité depuis 1937, partiellement reconvertie en restaurant. Au menu : sandwichs, fondues, *saganaki* (fromage frit) et salades. (Patriarhou Ioakeim 30, Kolonaki ; www.kostarelos.gr)

Nice N' Easy CAFÉ €€

9 PLAN P. 106, B3

Dégustez des sandwichs, des salades et de délicieux plats de brunch à base de produits bio et frais, comme les *huevos rancheros* (œufs au plat à la mexicaine), sous le regard de Louis Armstrong et Marilyn Monroe. Nombreuses options végétaliennes et sans gluten. (Omirou 60, Kolonaki ; www.niceneasy.gr ;)

Kalamaki Kolonaki GRILLADES €

10 PLAN P. 106, E4

Un excellent petit restaurant de grillades, plus chic que la moyenne – à l'image de Kolonaki –, avec quelques tables sur le trottoir. Commandez des *kalamakia* (brochette au porc ou au poulet) ajoutez une salade et des pitas, et vous aurez un repas complet. (Ploutarchou 32, Kolonaki ; www.facebook.com/kalamaki.kolonaki)

M8 MÉDITERRANÉEN €€

11 PLAN P. 106, C4

Le M8 jouit d'une ambiance animée et sert une cuisine méditerranéenne très raffinée aux personnes attablées dans une rue piétonne non loin de la principale place de Kolonaki. Sa carte de cocktails et de vins est en outre fournie. (Milioni 8 ; www.m8-athens.com)

Papadakis POISSON €€€

12 PLAN P. 106, C3

Tenu par un célèbre chef grec, auteur de livres de cuisine, ce restaurant sélect met l'accent sur les produits de la mer. Vous y dégusterez des recettes créatives comme le ragoût de poulpe au miel et vin doux, la *salatouri* (salade de poisson) ou la salade de la mer (sorte d'algue ou asperge de mer). L'atmosphère est peu guindée. N'y allez pas pour un repas ordinaire. (Fokylidou 15, Kolonaki ; papadakisrestaurant.com)

Café du musée Benaki GREC €€

13 PLAN P. 106, C5

Avec sa salle ouverte et sa terrasse donnant sur le Jardin national et l'Acropole, cette table à la cuisine traditionnelle épouse bien le cadre du musée. L'ambiance rappelle celle d'un club : les clients distingués s'y retrouvant au déjeuner. Il ferme plus tard que le musée, vous pouvez donc y dîner ou prendre un verre le soir. Le service est parfois inégal. (Koumpari 1, Kolonaki ; www.benaki.org)

Sorties artistiques

Découvrez la scène artistique contemporaine locale dans les galeries de Kolonaki. Celle d'**Allouche Benias** (p. 105) occupe le manoir Deligeorgis restauré avec brio. L'édifice fut conçu par Ernst Ziller en 1882. La galerie **Zoumboulakis** (Plan p. 106, A5 ; www.zoumboulakis.gr) offre un beau choix d'estampes et d'affiches en éditions limitées d'artistes grecs, notamment Yannis Tsarouchis et Alekos Fassianos. Elle possède un espace d'art contemporain sur la Plateia Kolonaki.

Telemachos

GRILLADES **€€€**

14 PLAN P. 106, A4

Ce grill rafiné et moderne prépare la viande de bœuf piémontais aussi bien que des plats plus typiquement locaux, comme l'agneau rôti à la broche. Cuisson au charbon de bois, service impeccable et musique de films grecs rétro en fond sonore. Cherchez le néon rose de l'enseigne de la boulangerie Paul à la fin du passage. (Panepistimiou 10, Kolonaki ; www.telemachosathens.gr)

Capanna

ITALIEN **€€**

15 PLAN P. 106, E4

Ce restaurant d'angle s'agrémente l'été d'une terrasse sur le trottoir. Honneur aux spécialités italiennes savoureuses et roboratives (pizzas, gnocchis au gorgonzola...), à arroser d'un verre de vin. Service attentif. (Ploutarchou 38 ; capanna.gr ; wifi)

Prendre un verre

Jazz in Jazz

BAR

16 PLAN P. 106, D3

Par temps froid, rien ne vaut ce bar douillet, où les vieux instruments de musique en cuivre brillent à la lumière des bougies. Le jazz de La Nouvelle-Orléans et les conversations autour d'un verre de vin ou de whisky réchauffent l'atmosphère. Fermé en août. (Dinokratous 4, Kolonaki ; https://jazzinjazz.business.site)

To Tsai

MAISON DE THÉ

17 PLAN P. 106, B4

Profitez d'un répit au cœur de Kolonaki en buvant dans une ambiance zen un des thés du monde figurant sur la longue carte de ce salon/magasin de thé minimaliste. (Alexandrou Soutsou 19, Kolonaki ; www.tea.gr ; wifi)

Buñuel Uptempo Bistro

CAFÉ

18 PLAN P. 106, F4

Accueillant et joyeux, ce café-bar tranquille sert un délicieux et riche café d'Area 51 dans la journée et des cocktails le soir. (Patriarchou Iaokim 60 ; www.facebook.com/Bunuelbar)

Dark Side of Chocolate

CAFÉ

19 PLAN P. 106, A3

Ce mouchoir de poche s'est fait un nom grâce à son chocolat

chaud et ses truffes maison, présentées dans une vitrine comme de précieux bijoux. Le cadre cosy idéal pour prendre sa dose de caféine en grignotant une pâtisserie. (Solonos 49, Kolonaki ; www.facebook.com/DarksideofChocolatebyAristotelis)

Da Capo

CAFÉ

20 PLAN P. 106, C4

Une adresse toujours bondée, dans une rue piétonne. Les commandes se font au comptoir – une pratique assez rare en Grèce. (Tsakalof 1, Kolonaki)

Passepartout

CAFÉ-BAR

21 PLAN P. 106, B3

L'archétype des cafés-bars de Kolonaki : ici, on vient pour voir et être vu. Décor moderne et sièges confortables ; les bruncheurs investissent les tables extérieures en journée, avant qu'une clientèle plus chic ne prenne la place le soir venu. On y sert un bon choix de vins grecs et de bières artisanales, ainsi que des cocktails. (Skoufa 47-49, Kolonaki ; www.passepartoutcafe.gr)

Sortir

Cine Athinaia

CINÉMA

22 PLAN P. 106, F3

De mai à début octobre, des films sont projetés en plein air au fond d'une petite rue piétonne bordée de bars agréables. Il y en a généralement deux par soir (vers 21h et 23h). Vérifiez les horaires sur Internet. (Charitos 50, Kolonaki ; www.facebook.com/cineathinaia.gr)

Jazz in Jazz

Shopping

CAN

ART

23 PLAN P. 106, C3

Fondée par la spécialiste d'art Christina Androulidaki, cette galerie innovante de Kolonaki sert de tremplin aux artistes grecs et étrangers qui émergent ou sont en milieu de carrière. Lors de la rédaction de ce guide, elle devait déménager dans un lieu encore inconnu. Consultez son site. (www.can-gallery.com)

Lemisios

CHAUSSURES

24 PLAN P. 106, B3

Cette institution athénienne, fondée en 1912, confectionne sur mesure des chaussures à brides, ballerines, richelieus et autres modèles classiques. Prix étonnamment raisonnables, compte tenu du niveau de savoir-faire. (Lykavittou 6, Kolonaki ; www.lemisios.gr)

Plateia Dexameni

Cette place a décidément tout pour plaire : un chouette café, une vue sur la citerne de l'aqueduc d'Hadrien, illuminée le soir, et le **Cine Dexameni** (Plan p. 106, D3 ; Plateia Dexameni, Kolonaki ; www.cinedexameni.gr) un cinéma en plein air avec chaises longues et des tables où poser sa bière.

Fanourakis

BIJOUX

25 PLAN P. 106, E4

Lina Fanourakis, bijoutière très créative, dessine des pièces délicates et originales : torsades dorées, pendentifs en forme de roue, anneaux ornés d'un pavé de diamants. (Patriarhou Ioakeim 23, Kolonaki ; fanourakis.gr)

Katerina Ioannidis

BIJOUX

26 PLAN P. 106, C4

Issue d'une famille d'orfèvres, Katerina Ioannidis utilise des éléments folkloriques de Grèce et d'ailleurs pour concevoir des bijoux légers, élégants, bohèmes et parfois rigolos : pendentifs Black Sheep (tête de mouton plaquée or montée sur un pompon noir), gri-gris en forme de haricot. (Patriarhou Ioakeim 44 ; katerinaioannidis.com)

Elena Votsi

BIJOUX

27 PLAN P. 106, D4

Elena Votsi est connue pour ses arrangements massifs de belles pièces semi-précieuses. Son style sculptural lui a valu d'être choisie pour créer la médaille des Jeux olympiques de 2004. Vous pourrez aussi dénicher des sacs tissés à la main et des articles pour la maison d'inspiration grecque. (Xanthou 7, Kolonaki ; www.elenavotsishop.com)

Mastiha Shop

ALIMENTATION

28 PLAN P. 106, A5

Un magasin spécialisé dans les produits à base de *mastiha*, résine naturelle de l'arbre à mastic, spécialité de l'île de Chios : de la liqueur aux cosmétiques. Autre enseigne à l'aéroport. (Panepistimiou 6, Syntagma ; www.mastihashop.com)

Michalis Alexandrakis SANTÉ ET BIEN-ÊTRE

29 PLAN P. 106, F3

À la façon des grands philosophes grecs, Michalis Alexandrakis dirige l'un des meilleurs salons de coiffure d'Athènes et dispense ses conseils aux clients. Il offre aussi une gamme de soins capillaires, y compris de la marque bio Oway. (Spefsippou 45 ; www.facebook.com/alexandrakismichalis)

Vassilis Zoulias MODE ET ACCESSOIRES

30 PLAN P. 106, B5

Créateur à l'ancienne, Zoulias s'inspire des années 1950 et 1960 pour ses robes colorées, ainsi que pour sa ligne de chaussures élégantes, féminines et intemporelles. (Akadimias 4, Kolonaki ; www.vassiliszoulias.com)

Parthenis MODE ET ACCESSOIRES

31 PLAN P. 106, C3

Orsalia Parthenis perpétue l'héritage de son père Dimitris, en confectionnant des vêtements en fibres naturelles de grande qualité. Des coupes nettes et sans chichis. Créations pour hommes et femmes. (Dimokritou 20, angle Tsakalof, Kolonaki ; www.orsalia-parthenis.gr)

Marché de rue

Kolonaki possède son *laïki agora*, c'est-à-dire un **marché de fruits et légumes** (Plan p. 106, E3 ; www.laikesagores.gr) dont les étals de produits frais, de poissons, d'olives et de fleurs, entre autres, envahissent la rue Xenokratous.

Kombologadiko MODE ET ACCESSOIRES

32 PLAN P. 106, A4

Cette boutique dispose d'une vaste gamme de *komboloï*, l'accessoire grec par excellence. Elle a en stock des modèles déjà prêts parfois faits avec des matériaux industriels ou des pierres semi-précieuses et de l'ambre. (Amerikis 9, Kolonaki ; www.kombologadiko.gr)

Maison d'Olive ALIMENTATION

33 PLAN P. 106, D4

Ce temple dédié à l'olive, du fruit à l'huile, propose aussi des dégustations et des produits pour accompagner ce mets. (Xanthippou 7-9 ; wmaisonolives.com)

Art Appel Gallery ART

34 PLAN P. 106, D5

Cet espace plus bas que le niveau de la rue expose les travaux des artistes comme Vangelis Tzermias, connu pour ses marines gestuelles. Les peintures abstraites audacieuses prédominent. (Neofitou Vamva 5 ; www.artappelgallery.gr)

Explorer

Mets et Pangrati

À l'est de l'Acropole, le parc du Zappéion et les ruines du temple de Zeus olympien voisinent avec le grandiose stade des Panathénées. Sur la colline surplombant le stade s'étirent les quartiers résidentiels de Mets, nom d'une ancienne brasserie dont le siège social se trouvait là, et de Pangrati, étendues de jolies maisons néoclassiques et d'avant-guerre parsemées de sympathiques petits restaurants.

Notre sélection

- ***Galerie nationale (p. 122)*** *Explorez ce tout nouveau musée dernier cri rempli de chefs-d'œuvre de la collection nationale d'art.*
- ***Stade des Panathénées (p. 122)*** *Trottez sur la piste en imaginant les clameurs de la foule et faites-vous immortaliser sur le podium des médaillés olympiques.*
- ***Fondation Basile & Elise Goulandris (p. 122)*** *Contemplez les pièces de cette merveilleuse collection d'art européen moderne et contemporain dans une superbe galerie.*
- ***Premier cimetière d'Athènes (p. 123)*** *Admirez le travail de certains des meilleurs sculpteurs du néoclassicisme grec devant les stèles des nantis et des célébrités de la ville.*

Comment s'y rendre et circuler

M Akropoli (ligne rouge) ou Syntagma (lignes bleue et rouge) desservent le temple de Zeus olympien. Akropoli est plus proche de Mets.

M Evangelismos (ligne bleue) dessert aussi Pangrati.

Les trolleybus n^{os}2, 4 et 11 s'arrêtent près du stade et poursuivent en amont jusqu'à la Plateia Plastira.

Plan de Mets et Pangrati p. 120

Stade des Panathénées (p. 122) GREENS AND BLUES/SHUTTERSTOCK ©

Les incontournables

S'émerveiller devant le temple de Zeus olympien

Impossible de rater cette merveille dressée en plein centre d'Athènes. Jadis plus grand sanctuaire de Grèce, le temple de Zeus olympien (ou Olympéion) fut sans doute également celui dont la construction dura le plus longtemps : commencés au VIe siècle av. J.-C., les travaux ne furent complètement achevés qu'au IIe siècle de notre ère.

PLAN P. 120, A3

Olympieio

210 922 6330

odysseus.culture.gr

Leoforos Vasilissis Olgas

8h-15h oct-avr, 8h-20h mai-sept

M Akropoli, Syntagma

Temple

Entamée sous Pisistrate, la construction de ce monument colossal s'étala sur 700 ans. Quand Hadrien l'acheva en 131, il fit placer à l'intérieur une énorme statue de Zeus en or et en ivoire, à côté d'une autre à sa propre effigie, tout aussi gigantesque. Le temple fut détruit lors du sac d'Athènes par les Hérules en 267.

Colonnes

Soutenu par 104 colonnes corinthiennes au temps de sa grandeur, le temple n'en compte plus que 15 aujourd'hui. Il faut donc faire appel à son imagination pour avoir une idée de sa taille d'origine. Hautes de 17 m et mesurant 1,70 m de diamètre à la base, celles qui subsistent n'ont rien perdu de leur superbe. La colonne à terre fut renversée par un coup de vent en 1852.

Temple d'origine

L'édifice du temps d'Hadrien fut bâti par-dessus un autre temple (590-560 av. J.-C.), également consacré à Zeus olympien. En regardant attentivement, vous en verrez les fondations.

Porte d'Hadrien

Juste à l'extérieur du site, au croisement des rues Leoforos et Vasilissis Amalias, on peut contempler ce majestueux monument en marbre pentélique, édifié en l'honneur d'Hadrien en 132, probablement pour commémorer la consécration du temple. Les inscriptions montrent que la porte servait aussi de séparation entre les parties grecque et romaine de la ville. Au nord-ouest, on lit sur la frise : "Voici Athènes, ancienne cité de Thésée" ; et au sud-est : "Voici la cité d'Hadrien, et non de Thésée".

Sanctuaire de Pan

Au sud de l'enceinte du temple, un sanctuaire rupestre du dieu Pan datant de l'époque romaine jouxte le lit de la rivière Ilissos (recouverte partout ailleurs sous les pavés).

★ À savoir

- L'entrée est comprise dans le billet combiné pour l'Acropole (30 €).
- Il n'y a pas d'ombre : prévoyez un chapeau, de la crème solaire et de l'eau.
- Si le temps presse, vous pourrez apprécier la majeure partie du temple (et la porte d'Hadrien) de l'extérieur des grilles, ou depuis le bar sur le toit de l'hôtel **Athens Gate** (Leoforos Syngrou Andrea 10, Makrygianni ; www.athensgate.gr).

✕ Une petite pause ?

Pour reprendre sainement des forces, filez au Veganaki (p. 48), de l'autre côté du boulevard animé d'Athanasiou Diakou.

Sinon, rejoignez le quartier de Mets pour prendre un verre au calme à l'Odeon Cafe (p. 126), accompagné d'un feuilleté aux épinards de la boulangerie d'en face.

A
B
C
D
1
2
3
4
5
6
0
200 m
Jardin national
Palais du Zappéion
Bains romains
6
20
5
Parc du Zappéion
Leof Vasilissis Amalias
Leof Vasilissis Olgas
Irodou Attikou
Leof Vasileos Konstantinou
Plateia Stadiou
Temple de Zeus olympien
Stade des Panathénées
3
Colline de l'Ardettos
Ardittou
Theotoki
Piga M
Miniati
Papatsoni
METS
17
Trivonianou
Stratigou Rodiou
Karea
NeriK
Typteou
Anapafseos
Glafkou
Gorgiou
Harvouri
Aristonikou
Sorvolou
Fotiadou
Balanou K
Markou Mousourou
Arhimidous
Dikearhou
Stratigou Ioannou
Stratigou Domboli
Timoleondos
Voulgareos Evg
Malamou
Longinou
Alsos Longinou
Karea
Efpompou
19
Trivonianou
Defner
Premier cimetière d'Athènes
4
Iolis
Leof Vouliagmenis
Ilioupoleos
A
B
C
D

E
F
G
H
1
2
3
4
5
6
Leof Vasileos Konstantinou
Isiodou
Fokianou
Ag. Spyridonos
Arktinou
Ironda
Pafsaniou
Arrianou
Telesilis
Polemonos
Ellanikou
Fedrou
Fondation Basile & Elise Goulandris
Efforionos
Ivikou
Diofandou
Ironos
Agras
Versi
Ktisiviou
Theofrastou
Aristoxenou
Eratosthenous
Tsiklitira
Ippodamou
Athanasias
Nikosthenous
Alsos Pangratiou
Spyrou Merkouri
Douridos
Pratinou
Plateia Plastira
Eftyhidou
Agras
Aratou
Lysippou
Pasitelous
Frynis
Arhimidous
PANGRATI
Pyrgotelous
Effranoros
Kleitomachou
Ferekydou
Arhyta
Embedokleous
Proklou
Krisila
Tydeos
Vryaxidos
Ymittou
Marché de Pangrati
Pyrrou
Parmenidou
Plateia Varnava
Korivou
Melissou
Plateia Profitiou Ilia
Proeresiou
Stilponos
Anarhidos
Damareos
Alketou
Stilponos
Epimitheos
Pyrronos
Edesiou
Ekalis
Embedokleous
Dikearhou
Evmenous
Lysimahou
Ymittou
1
2
7
8
9
10
11
12
13
14
15
16
18
21
Nos adresses
Les incontournables p. 118
Voir p. 122
Se restaurer p. 124
Prendre un verre p. 126
Sortir p. 127
Shopping p. 127

Forme olympique

Tous les matins, de 7h30 à 9h, les sportifs amateurs peuvent aller faire des tours de piste ou escalader les marches en courant dans le **stade des Panathénées**. Il suffit pour cela de signer un formulaire téléchargeable, de payer et de se présenter sur place.

Voir

Fondation Basile & Elise Goulandris

MUSÉE

1 PLAN P. 120, E2

Inauguré en octobre 2019, cet excellent musée d'art moderne et contemporain permet de voir la collection du riche armateur Basile Goulandris et de sa femme Elise. Outre les œuvres d'artistes européens majeurs, elle comprend les créations de peintres grecs d'avant-garde comme Parthenis, Vassiliou, Hadjikyriakos-Ghikas, Tsarouchis et Moralis. (Eratosthenous 13, Pangrati ; https://goulandris.gr)

Galerie nationale

MUSÉE

2 PLAN P. 120, F1

La Pinacothèque nationale a rouvert dans un nouveau complexe du dernier cri. Les galeries spacieuses sont réparties selon un ordre chronologique et thématique, offrant un superbe tour d'horizon de la peinture grecque du XIXe siècle à nos jours. La collection du XXe siècle recèle de vrais chefs-d'œuvre. Admirez les magnifiques créations de Ghikas, Parthenis, Tsarouchis et Tetsis, ainsi que la vue sur la colline du Lycabette derrière les énormes baies vitrées. La collection de sculptures est exposée dans la **Glyptothèque nationale** (www.nationalgallery.gr) du parc Goudi.

Stade des Panathénées

SITE ANTIQUE

3 PLAN P. 120, D3

Ce stade antique de 70 000 places a été modernisé. Ses rangs serrés de gradins en marbre pentélique s'étendent sur la colline de l'Ardettos, attirant à la fois les mordus d'architecture et de sport, qui imaginent la clameur des foules des millénaires auparavant. Bâti au IVe siècle av. J.-C., puis restauré en 1896 lors des premiers Jeux olympiques modernes, il accueillait les compétitions athlétiques des Panathénées. Un millier d'animaux sauvages y auraient été sacrifiés en l'honneur de l'empereur Hadrien, lors de l'une de ses visites à Athènes. En 144, le richissime rhéteur Hérode Atticus fit reconstruire les gradins en marbre pentélique.

En 1895, l'édifice fut restauré à l'identique par l'homme d'affaires et philanthrope grec Georges Averoff afin qu'y soient organisés l'année suivante les premiers Jeux olympiques modernes. Aujourd'hui, les dimensions du terrain central et de la piste de course ne correspondent plus aux normes internationales ; seules l'épreuve de tir à l'arc et l'arrivée du marathon se sont déroulées ici lors des Jeux de 2004. En revanche, le stade sert parfois de cadre à des concerts et autres événements publics. Le billet comprend un audioguide, l'accès à une petite exposition sur les Jeux olympiques modernes (surtout de belles affiches) et la possibilité de se faire immortaliser le temps d'une photo sur le podium des champions. (Leoforos Vasileos Konstantinou, Pangrati ; panathenaicstadium.gr ; tarif plein/réduit 10/5 €)

Premier cimetière d'Athènes

CIMETIÈRE

4 PLAN P. 120, B5

Après l'indépendance de la Grèce (1821), l'ensevelissement des morts fut interdit autour des églises paroissiales et confié aux municipalités. Construit en 1837, le premier cimetière d'Athènes recèle des tombes à l'architecture opulente, certaines rehaussées de sculptures d'artistes éminents, comme la *Vierge endormie* de Yannoulis Chalepas. Parmi les célébrités enterrées ici figurent la famille Benaki et l'archéologue Heinrich Schliemann (1822-1890), dont le mausolée est orné de scènes de la guerre de Troie. (Longinou 3, Mets)

Parc du Zappéion

JARDINS

5 PLAN P. 120, B2

Situé entre le Jardin national (p. 85) et le stade des Panathénées, ce parc forme un réseau de larges allées arborées autour du majestueux **palais du Zappéion** (zappeion.gr). Les entrées principales se trouvent

Palais du Zappéion

Pisistrate, tyran d'Athènes

Lorsque Solon, considéré comme le père de la démocratie athénienne, devient archonte (magistrat suprême) en 594 av. J.-C., Athènes est dirigée par une oligarchie d'aristocrates terriens opprimant le peuple. Afin d'alléger la crise sociale, il met en place une série de réformes permettant la réduction des dettes et l'instauration de l'Héliée (tribunal populaire). Mais, en 560 av. J.-C., Pisistrate prend prétexte des troubles incessants suscités par ces mesures pour s'emparer du pouvoir. Premier tyran de la cité, il s'emploie à résoudre les problèmes agraires et à améliorer le sort de la paysannerie. Sur le plan culturel, il entreprend la construction de grands édifices sur l'Acropole, dont l'Olympéion, et inaugure les Grandes Dyonisies, festivités donnant lieu à des concours de tragédie et de comédie. À l'extérieur, Pisistrate étend l'influence athénienne en mer Égée à travers une politique de conquête et de colonisation. À sa mort en 527 av. J.-C., son fils Hippias lui succède, avant d'être renversé en 510 av. J.-C par un coup d'État militaire conduit avec l'aide de Sparte.

dans les rues Leoforos Vasilissis Amalias et Leoforos Vasilissis Olgas.

Bains romains

RUINES

6 PLAN P. 120, A1

Des travaux de ventilation du métro ont mis au jour de vastes thermes romains bien préservés, bâtis au IIIe siècle là où coulait autrefois la rivière Ilissos. Une portion du site est observable à la lisière du parc du Zappéion. (Leoforos Vasilissis Amalias)

Se restaurer

Soil

GASTRONOMIE €€€

7 PLAN P. 120, F4

La magie opère derrière la façade néoclassique jaune du Soil, nouveau venu sur la scène culinaire athénienne. Tasos Mantis, célèbre chef du l'Hytra, a ouvert son propre restaurant, où il marie des légumes, des herbes et des fleurs comestibles juste sortis de terre (comme le suggère le nom Soil) avec des produits de la mer et des viandes de choix pour créer un menu dégustation moderne et original associé à des vins. (Ferekidou 5 ; soilrestaurant.gr)

Mavro Provato

MEZZE €€

8 PLAN P. 120, G1

Réservez tôt pour avoir la chance de vous régaler dans ce *mezedhopoleio* (restaurant de mezze) très couru de Pangrati, aux tables bordant le trottoir. Du vin régional accompagne les délicieux mezze. (Black Sheep ; Arrianou 33, Pangrati ; www.tomauroprovato.gr)

Spondi

MÉDITERRANÉEN €€€

9 PLAN P. 120, F5

Deux étoiles au Michelin pour ce restaurant de renom, maintes fois élu meilleure table d'Athènes. Des plats méditerranéens, aux fortes influences françaises, sont servis dans le cadre charmant et détendu d'une vieille maison couverte de bougainvilliers. Réservez. (Pyrronos 5, Pangrati ; www.spondi.gr)

Kallimarmaro

BOULANGERIE €

10 PLAN P. 120, F5

Une boulangerie de quartier prisée des habitants au petit-déjeuner pour ses excellents feuilletés à la crème, aux épinards (*spanakopita*) et tant de ses autres délices. (Plateia Varnava 22, Pangrati)

Athenais

GREC €

11 PLAN P. 120, H1

Ce lieu convivial n'est guère plus qu'une cuisine avec quelques tabourets. Il prépare des plats grecs frais : lentilles, tomates farcies, rôti de porc ou bœuf avec des pâtes. Bon marché, les plats sont à manger sur le pouce ou à emporter. (Rizari 26 ; www.facebook.com/12cda)

Colibri

PIZZAS €

12 PLAN P. 120, F4

Les meilleures pizzas d'Athènes – au dire des habitants – vous attendent dans une rue calme et arborée, remplie de cafés agréables. Des grands classiques aux créations plus originales (essayez la pizza végétarienne au yaourt), le menu compte aussi de savoureux burgers et salades. (Embedokleous 9-13, Pangrati)

Vyrinis

TAVERNA €

13 PLAN P. 120, F4

Cette *taverna* de quartier modernisée a conservé son caractère, avec des plats familiaux authentiques et une cuvée du patron correcte à prix raisonnables. Par beau temps, des tables sont dressées dans la ravissante cour-jardin. (Arhimidous 11, Pangrati ; www.facebook.com/VyrinisGreekTavern)

Vezené

GREC €€€

14 PLAN P. 120, H1

C'est l'un des meilleurs bistrots modernes d'Athènes, un lieu décontracté où les serveurs apportent à votre table la pêche du jour et des filets de bœuf luisants pour vous expliquer leur provenance et ce que vous allez manger. Les galettes au feu de bois et la spécialité, le *pastitsio* destructuré, *sorte de lasagnes grecques, sont excellents.* (Vrasida ; vezene.gr ;)

Marché de Pangrati

À Pangrati, allez voir le *laïki agora* (marché de rue hebdomadaire) qui se tient le vendredi dans la rue Pyrrou, depuis la rue Ymittou et vers le sud-est. Plus loin, Filolaou est une rue commerçante typique sans artifices.

L'histoire olympique

La tradition olympique émergea à Olympie (Péloponnèse) autour du XIe siècle av. J.-C., en hommage à Zeus, sous forme de courses à pied auxquelles participaient uniquement prêtres, prêtresses et autres notables. Au VIIIe siècle av. J.-C., la compétition rassemblait une confédération de cités-États et devint un événement majeur, réservé aux hommes, organisé sur 5 jours tous les 4 ans. Durant cette période, une trêve officielle était respectée entre les cités participantes.

La foule des spectateurs s'installait le long des pistes où se déroulaient des concours d'athlétisme, des courses de chars et des combats de pancrace et de pugilat. Contrairement aux champions des Panathénées d'Athènes, qui se voyaient offrir de l'argent et de l'huile d'olive, les vainqueurs ne recevaient ici qu'une simple couronne de rameaux d'olivier (les fameux lauriers étaient alors la récompense des Jeux pythiques de Delphes). Importaient avant tout la reconnaissance du peuple et l'admiration dont les athlètes faisaient l'objet. L'interdiction du culte païen par l'empereur Théodose Ier en 393 mit fin aux Jeux olympiques, qui ne renaîtront sous leur forme moderne qu'en 1896.

Prendre un verre

Chelsea Hotel

BAR

15 PLAN P. 120, F3

Ce café-bar très fréquenté de la Plateia Plastira incarne bien l'esprit cool de Pangrati. À la tombée de la nuit, les bouquineurs et autres caféinomanes cèdent la place à la jeunesse athénienne. (Arhimidous 1, angle Proklou, Pangrati ; wifi)

Millybird

CAFÉ

16 PLAN P. 120, F1

Situé dans une rue calme de Pangrati, ce café clair et spacieux aux grandes baies vitrées confectionne d'excellents gâteaux et de légers en-cas. (Arrianou 29 ; www.facebook.com/MillybirdHouse)

Odeon Cafe

CAFÉ

17 PLAN P. 120, C4

Une adresse de quartier simple et charmante où l'on se retrouve entre amis pour bavarder, manger un en-cas ou boire un verre sous le lierre de la terrasse. Personnel sympathique. Avec un peu de chance, vous trouverez des musiciens qui improvisent au piano, à la contrebasse et à la guitare. (Markou Mousourou 19, Mets ; www.facebook.com/odeoncafe)

Epireia

CAFE

18 PLAN P. 120, F1

Au bord d'une jolie place verte, ce café clair, spacieux et coloré reflète l'atmosphère sans prétention du quartier. Au menu : plats roboratifs (pizza, burgers…) et bières artisanales. (Ktisiou 2, Pangrati ; www.facebook.com/epireia)

Sortir

Half Note Jazz Club

JAZZ

19 ☆ PLAN P. 120, B5

Un club cosy et la première salle de jazz de la ville, halte obligée de nombreux musiciens grecs ainsi que de quelques pointures internationales. Horaires variables et relâche en été : consultez le site. (Trivonianou 17, Mets ; www.halfnote.gr)

Cinéma Aegli

CINÉMA

20 ☆ PLAN P. 120, C2

L'un des plus vieux cinémas en plein air d'Athènes (1903), l'Aegli a jeté son dévolu sur la verdure du parc du Zappéion (p. 123) – d'où son atmosphère un peu plus calme que les autres. (www.facebook.com/aiglizappeion)

Shopping

Bakaliko

ALIMENTATION ET BOISSONS

21 PLAN P. 120, F4

Vendant toutes les spécialités grecques, cette épicerie traditionnelle est bardée de récompenses pour son engagement et son choix d'olives, de vins, de fromages, de fruits à coque, de yaourts et de miels. (Skoufa 48 ; http://paradosiakompakaliko.blogspot.com)

Magasin traditionnel grec

Explorer

Omonia et Exarhia

Carrefour des transports athéniens et centre administratif, Omonia concentre les services de la ville et n'a rien de touristique. Vous le traverserez peut-être pour gagner le quartier d'Exarhia voisin et le musée national d'Archéologie. Exarhia est réputé pour ses squats, ses anarchistes donnant de la voix, et son étonnant mélange d'étudiants (les universités sont proches) et d'artistes. Les graffitis sont nombreux et la police antiémeute omniprésente.

Notre sélection

- ***Musée national d'Archéologie (p. 130)*** *Admirez le savoir-faire des artistes de l'Antiquité dans cet immense coffre aux trésors. Vous aurez certainement mal aux pieds avant d'avoir tout vu.*
- ***Colline de Strefi (p. 143)*** *Profitez de la vue sur la ville, ainsi que de l'ambiance décontractée du café Exostrefis.*
- ***Concert (p. 143)*** *Entrez dans un petit bar comme le Feidiou 2 Music Cafe avec deux ou trois musiciens et une foule qui reprend en chœur les chansons.*
- ***Cuisine crétoise (p. 138)*** *Goûtez une cuisine originale et très diverse qui fait la fierté de l'île au I Kriti ou dans un autre excellent restaurant crétois d'Athènes.*

Comment s'y rendre et circuler

Ⓜ Omonia (lignes rouge et verte) se trouve à l'ouest d'Exarhia.

Ⓜ Panepistimio (ligne rouge) dessert le sud d'Exarhia.

Les trolleybus nos 2, 4, 5, 9 et 11,longeant Panepistimiou desservent l'arrêt Polytechnio, devant le musée national d'Archéologie.

Plan d'Omonia et Exarhia p. 136

Place Omonia marianna IANOVSKA/SHUTTERSTOCK ©

Les incontournables

Admirer les antiquités du musée national d'Archéologie

Dans un énorme bâtiment néoclassique du XIXe siècle, le musée national d'Archéologie abrite l'une des plus belles collections d'antiquités grecques au monde, riche de plus de 10 000 pièces (sculptures, céramiques, bijoux, fresques…). Mieux vaut prévoir plusieurs visites pour apprécier tous ces trésors à leur juste valeur.

PLAN P. 136, D1

213 214 4800

www.namuseum.gr

tarif plein/enfant 10 €/gratuit mi-avr à oct ; 5 €/gratuit nov à mi-avr

2, 3, 4, 5 ou 11 jusqu'à Polytechnio, M Viktoria

Antiquités mycéniennes – Galerie n°4

Tout droit après l'entrée, la collection préhistorique comprend certaines des pièces les plus importantes de l'art néolithique, mycénien et cycladique, pour beaucoup en or massif. La fabuleuse collection d'antiquités mycéniennes est le fleuron du musée.

Masque d'Agamemnon

Ce célèbre masque funéraire, dit d'Agamemnon, le roi légendaire qui aurait participé au siège de Troie au XIIe siècle av. J.-C., fut découvert à Mycènes en 1876 par Heinrich Schliemann alors qu'il cherchait à prouver la véracité historique du récit d'Homère.

Gobelets de Vaphio

Les gobelets de Vaphio en or repoussé, décorés de scènes de capture de taureaux sauvages, sont parmi les plus beaux exemples d'art mycénien mis au jour. Ils ont été trouvés dans une tombe à *tholos* (sépulture à coupole) de Vaphio, près de Sparte.

Collection cycladique – Galerie N°6

Cette salle contient de beaux exemples des célèbres figurines cycladiques (vers 2600-2300 av. J.-C.), dont les contours épurés inspirèrent Picasso et Modigliani. Le modèle le plus impressionnants mesure 1,52 m de long.

Kouros de Sounion – Galerie n°8

Les salles à gauche de l'entrée réunissent les plus anciennes sculptures de la collection. Les salles nos 7 à 13 comprennent de beaux *kouroi* (statues masculines) archaïques, datant du VIIe siècle à 480 av. J.-C., en particulier le colossal Kouros de Sounion (600 av. J.-C.). Jadis dressée devant le temple de Poséidon au cap Sounion, cette statue en marbre de Naxos marque la transition entre le style rigide inspiré des Égyptiens et les traits plus vivants que les Grecs perfectionneront par la suite.

★ À savoir

- Un billet combiné (15 €) valable 3 jours donne accès au musée national d'Archéologie, au Musée épigraphique, au Musée byzantin et chrétien et au Musée numismatique.
- Arrivez tôt et visitez l'étage en premier pour échapper au flot des visiteurs.
- Prévoyez plusieurs heures de visite, surtout si le sujet vous passionne.
- L'entrée est gratuite les 6 mars, 18 avril, 18 mai, le dernier week-end de septembre, le 28 octobre et le premier dimanche du mois du 1er novembre au 31 mars.

Une petite pause ?

Situé au sous-sol, le **café du musée**, proposant boissons, sandwichs et gâteaux a installé des tables dans une jolie cour en plein air.

Pour manger, rendez-vous à Exarhia, par exemple au Yiantes (p. 138) – cuisine grecque moderne.

Dieu de l'Artémision – Galerie n°15

Au milieu de cette salle se dresse une statue en bronze de 460 av. J.-C. à l'effigie d'un dieu non identifié (Zeus ou Poséidon), découverte en 1928 dans une épave au large d'Eubée. Mesurant 2 m de haut, l'auguste personnage aux muscles saillants et au visage barbu a les bras tendus en position de lancer. Sa main droite tenait à l'origine soit la foudre (Zeus), soit un trident (Poséidon).

Athéna du Varvakeion – Galerie n°20

On peut admirer ici la célèbre copie très réduite de la statue d'Athéna Parthenos de 11,5 m de haut réalisée par Phidias pour le Parthénon au Vᵉ siècle av. J.-C. Datant du IIIᵉ siècle av. J.-C., celle-ci porte un casque surmonté d'un sphinx et de griffons, un bouclier orné d'une tête de Gorgone et dans sa main une figure ailée de Niké, dont la tête manque.

Cavalier de l'Artémision – Galerie n°21

Mise au jour en 1928 dans la même épave que le dieu de l'Artémision, cette étonnante statue en bronze d'un cheval et d'un jeune cavalier (IIᵉ siècle av. J.-C.) n'a été réassemblée qu'en 1972.

Épave d'Anticythère – Galeries nos 28 et 38

Cette salle réunit les trésors découverts en 1900 par des pêcheurs d'éponges dans une galère romaine au large de l'île d'Anticythère. Parmi eux figurent le magnifique **Éphèbe d'Anticythère** en bronze du IVᵉ siècle av. J.-C. et la mystérieuse **Machine d'Anticythère**, un ingénieux mécanisme dont ne restent que des fragments.

Galeries égyptiennes – Galeries nos 40 et 41

Le meilleur de la collection égyptienne du musée est contenu dans ces deux salles. Datant de 5 000 av. J.-C. à la conquête romaine, la collection comprend notamment des momies, des figurines en bronze, ainsi que certains des saisissants portraits funéraires.

Fresques d'Akrotiri – Galerie n°48

À l'étage, les spectaculaires fresques minoennes de Santorin (Théra) furent découvertes sur le site préhistorique d'Akrotiri, enseveli à la fin du XVIᵉ siècle av. J.-C. par une éruption volcanique.

Amphores panathénaïques – Galerie n°56

Dans cette salle sont exposés certains des vases offerts aux vainqueurs des Panathénées. Chaque champion recevait jusqu'à 140 vases de ce type, remplis d'huile provenant des oliviers sacrés d'Athènes. Les amphores sont ornées de scènes de lutte et de la déesse Athéna Promachos, en armes.

Musée national d'Archéologie

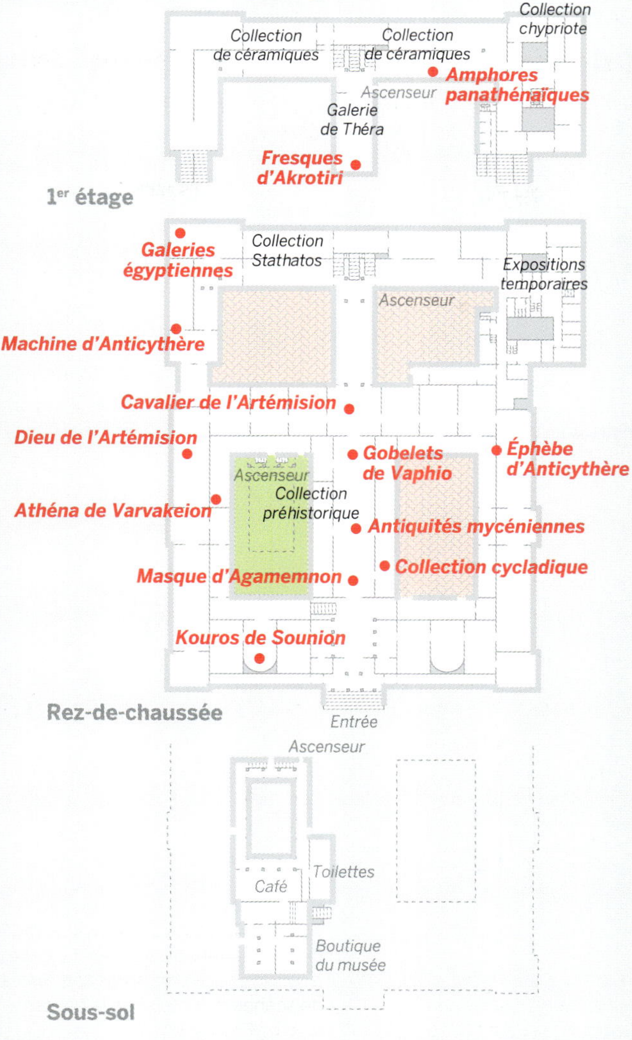

Promenade à pied

Vie de quartier à Exarhia

Connu pour son esprit altermondialiste et ses squats, Exarhia regorge de disquaires, de librairies, de maisons d'édition et de boutiques de vêtements alternatives. Il compte les bars les plus animés de la ville. Des musiciens jouent souvent dans ces lieux décontractés et prisés par les étudiants.

La promenade

Départ Plateia Exarhion

Arrivée Emmanuel Benaki et Valtetsiou

Distance 1,5 km

Durée une heure

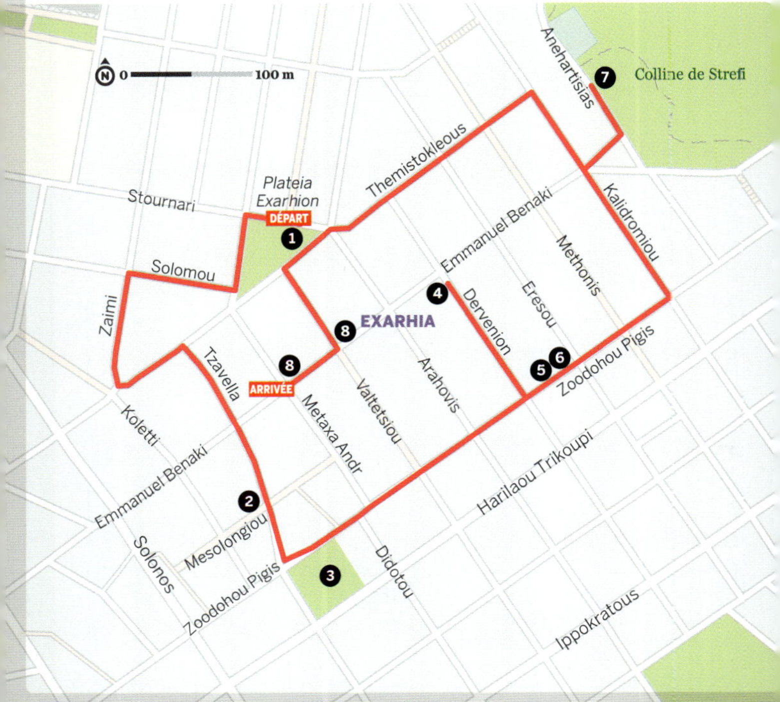

❶ Plateia Exarhion

Théâtre fréquent de manifestations politiques en tout genre, cette place triangulaire est au cœur de la vie du quartier. Les cafés de Themistokleous, ainsi que l'**Ivi** (p. 142), plus haut dans Stournari, font de bons postes d'observation.

❷ Street art

Les murs, les allées et les escaliers d'Exarhia sont couverts de belles œuvres de street art, au sujet souvent engagé. Au croisement de Mesolongiou et Tzavella, une plaque rend hommage à **Alexis Grigoropoulos**, l'adolescent tué par un policier en 2008. Sa mort avait mis le feu aux poudres dans tout le pays.

❸ Square de quartier

Sur l'emplacement d'un ancien parking occupant tout un pâté de maisons, les habitants d'Exarhia ont créé le **parc autogéré de Navarino** (angle Navarinou et Zoodohou Pigis 16), un espace vert en constante évolution, planté d'arbres fruitiers et doté d'une aire de jeux.

❹ Renaissance d'une taverne à l'ancienne

Déjeunez au **Café Boheme Barbagiannis** (p. 140), brasserie raffinée occupant l'ancienne *taverna* Barbagiannis, une institution à Exarhia. Les vins sont excellents et la cuisine grecque délicieuse et fraîche. Installez-vous à une table du patio débordant sur le trottoir et observez les passants.

❺ Disquaires

Il existe à Exarhia de nombreux magasins spécialisés très pointus, notamment des disquaires regorgeant de vinyles vintage. **Plan 59** (p. 144), par exemple, est spécialement bien fourni en musique psychédélique grecque et de rares pressages grecs.

❻ Commerce alternatif

Fidèle à l'esprit du quartier, la boutique d'occasion **Skoros** (Zoodohou Pigis 61 ; https://skoroscc.espivblogs.net) fonctionne selon le principe suivant : les visiteurs prennent ce qu'ils veulent et paient ce qu'ils peuvent. Fermé en été.

❼ Rendez-vous sur la colline

C'est sur la colline de Strefi, accessible par l'escalier couvert de graffitis situé dans la partie nord-est du quartier, que les habitants se réunissent au coucher du soleil. Joignez-vous à eux autour d'une bière au bar **Exostrefis** (p. 143).

❽ Dîner crétois

Tout le quartier raffole de la formidable cuisine crétoise aux herbes aromatiques montagnardes servie à **Rakoumel** (Emmanuel Benaki 71 ; www.rakoumel.gr) et à **Oxo Nou** (Emmanuel Benaki 63 ; www.facebook.com/oxonouathens).

Musée national d'Archéologie
Musée épigraphique
Université polytechnique d'Athènes
Colline de Strefi
Exostrefis
Marché d'Exarhia
EXARHIA
OMONIA
Plateia Exarhion
Plateia Kaningos
Plateia Omonias
Plateia Vathis
Plateia Kotzia
Omonia
O Kavouras
Bibliothèque nationale
Université d'Athènes
28 Oktovriou- Patision
Panepistimiou (El Venizelou)
Stadiou
Agiou Konstantinou
Akadimias
Solonos
Themistokleous
Emmanuel Benaki
Harilaou Trikoupi
Kalidromiou
Ippokratous
Patriarhou Sergiou
Asklipiou
Arahovis
Valtetsiou
Didotou
Navarinou
Skoufa
Mavromihali
Zoodohou Pigis
Tsimiski
Isavron
Smolensky
Petsovou
Methonis
Eresou
Dervenion
Tzavella
Koletti
Mesolongiou
Lontou
Zalongou
Kiafas
Gravias
Gamveta
Nikitara
Botasi
Zaimi
Navarhou Apostoli
Spyridonas Trikoupi
Tsamadou
Ikonomou
Bouboulinas
Tositsa
Stournari
Solomou
George
Patousa
Kaningos
Veranzerou
Satovrianidou
Halkokondyli
Kapodistriou
3is Septemvriou
Menandrou
Marni
Mezonos
Liossion
Aharnon
Aristotelous
Athinas
Eolou
Merlie Octaviou
Agias Isidorou
Dimaki P
Anehartisias
0 200 m
Nos adresses
Les incontournables p. 130
Voir p. 137
Se restaurer p. 138
Prendre un verre p. 141
Sortir p. 143
Shopping p. 144

Voir

Musée épigraphique MUSÉE

1 PLAN P. 136, D1

Du côté sud du musée national d'Archéologie, cette "bibliothèque de pierres" renferme une collection importante d'archives. Si les salles principales peuvent se révéler ennuyeuses pour le profane, deux nouvelles sections font la lumière sur le système d'écriture grec par le biais de pièces plus évocatrices, comme une copie du décret ordonnant l'évacuation de la cité avant l'invasion perse de 480 av. J.-C. Pour déchiffrer l'écriture, demandez au personnel une feuille avec les variations de l'ancien alphabet. (Tositsa 1, Exarhia ; odysseus.culture.gr ; tarif avr-oct/nov-mars 12/6 €)

Bibliothèque nationale MONUMENT HISTORIQUE

2 PLAN P. 136, D4

Éblouissante création de l'architecte danois Theophil Hansen, la Bibliothèque nationale de la fin du XIXe siècle fait partie de la "trilogie" néoclassique des édifices de la rue Panepistimiou. Seuls les chercheurs universitaires ont accès à son extraordinaire intérieur, les autres peuvent jeter un bref coup d'œil à l'entrée et photographier le majestueux escalier monumental. (Panepistimiou 32 ; nlg.gr)

Université d'Athènes UNIVERSITÉ

3 PLAN P. 136, D4

Conçue par l'architecte danois Christian Hansen et achevée en 1864, l'université compte plus

Bibliothèque nationale

de 100 000 étudiants et s'est beaucoup agrandie. Le bâtiment d'origine abrite les services administratifs et est utilisé lors des réceptions. Juste au sud se dresse l'Académie d'Athènes, édifice plus orné créé sur le modèle de l'Académie de Platon. Elle reste l'institution de recherches la plus prestigieuse du pays. Admirez les façades néoclassiques depuis la rue, car aucun de ces lieux n'est ouvert au public. (Panepistimiou 30, Panepistimio ; www.uoa.gr)

Se restaurer

I Kriti

CRÉTOIS **€€**

4 PLAN P. 136, C3

Parmi les nombreux restaurants crétois de la capitale, I Kriti est l'un des seuls à proposer des plats de saison rares, comme le ragoût d'escargots, les *volvi* (bulbes de muscari à toupet) marinés au vinaigre ou le cabri aux noix et à l'ail. La devanture occupe plusieurs arcades d'un passage piéton. Le week-end, mieux vaut réserver. (Veranzerou 5, Omonia ;)

Yiantes

TAVERNE **€€**

5 PLAN P. 136, E2

Plutôt haut de gamme, ce restaurant, situé dans un joli jardin, sert une cuisine exquise et très largement bio. Essayez les légumes verts comme les *almirikia*, le poisson grillé ou des viandes et crustacés avec un délicieux assaisonnement et des herbes. (Valtetsiou 44, Exarhia ; www.facebook.com/yiantes2000 ;)

Fine Mess Smokehouse

GRILLADES **€€**

6 PLAN P. 136, E4

Fumées au feu de bois de hêtre toute la journée, les viandes sont gorgées de saveurs. Les recettes, des plats de côtes à la poitrine de bœuf en passant par la dinde de Thanksgiving, s'inspirent des traditions culinaires américaines. Il y a généralement des pâtes, du quinoa, des salades et de copieux desserts pour les végétariens. (Delfon 5 ; www.finemess.gr)

Ama Laxei stis Nefelis

GREC **€**

7 PLAN P. 136, E1

Une brève ascension de la colline d'Exarhia mène à ce *mezedhopoleio* moderne au cadre plaisant, aménagé dans une ancienne école à la cour de récréation verdoyante. Les petites assiettes (poulpe au vinaigre, boulettes de viande à la cannelle et au clou de girofle et brochettes d'agneau) délicieuses se marient bien avec les boissons. (Kalidromiou 69, Exarhia ; https://restaurant-47828.business.site)

Atitamos

MEZZE **€**

8 PLAN P. 136, C2

Ce *mezedhopoleio* bon marché et gai sert de petites assiettes de mezze frais et délicieux, de la moussaka aux feuilles de vigne farcies. Réservez-vous pour son baklava dégoulinant de miel. (Kapodistriou 2 : www.facebook.com/atitamos)

L'héritage politique d'Exarhia

La réputation anarchiste d'Exarhia remonte à la sombre époque de la junte militaire. Le quartier a connu des violences après la mort d'une personne abattue par la police en 2008. En 2022, il y a eu des manifestations contre la construction d'une station de métro sur la place centrale d'Exarhia, encerclée et gardée par la police antiémeute.

Le soulèvement de l'université polytechnique

Le 21 avril 1967, des colonels de l'armée fomentèrent un coup d'État et installèrent l'un des leurs, Georgios Papadopoulos, au poste de Premier ministre. Le régime décréta la loi martiale, interdit les partis et les syndicats, et imposa la censure. Des milliers d'opposants furent emprisonnés, torturés ou exilés (comme ce fut le cas de l'actrice et militante Melina Mercouri). En 1972, Papadopoulos proclama la République et se nomma président.

Le 17 novembre 1973, alors que des étudiants occupaient l'université polytechnique pour appeler à la révolte, des chars prirent d'assaut le bâtiment. La répression fit entre 24 et 40 morts (et des centaines de blessés). Une grande tête de bronze a été élevée en leur mémoire derrière la grille d'entrée de l'établissement. Cet événement n'en sonna pas moins le glas de la junte, qui tomba en 1974 après l'invasion de Chypre par la Turquie.

La mort d'Alexis Grigoropoulos

Le 6 décembre 2008, Alexis Grigoropoulos, un adolescent de 15 ans originaire d'un quartier cossu d'Athènes, fut tué à Exarhia par la police, qui justifia son geste en l'accusant d'être un fauteur de troubles anarchiste.

Dans le contexte déjà délétère de la crise économique et des mesures très impopulaires prises par le gouvernement conservateur (réduction drastique des retraites, nationalisations...), des émeutes éclatèrent instantanément dans le quartier. La contestation se répandit ensuite à travers le pays et se prolongea jusqu'à la fin du mois, sans que la moindre concession soit néanmoins accordée.

Exarhia commémore chaque année le soulèvement de l'université polytechnique (le 17 novembre est devenu fête nationale) et le meurtre de Grigoropoulos donne lieu à des manifestations agitées au cours du mois de décembre. Mieux vaut alors ne pas traîner dans le quartier ; les gaz lacrymogènes fusent allègrement ces jours-là.

Moussaka

Kimatothrafstis

TAVERNA €

9 PLAN P. 136, E3

Un café moderne et coloré à l'ambiance détendue, où l'on mange une cuisine grecque familiale ainsi que des plats plus originaux d'un bon rapport qualité/prix. Faites votre choix sur le buffet du jour et installez-vous aux tables communes. La grande assiette se compose de sept mezze et la petite de quatre. (Harilaou Trikoupi 49, Exarhia ;)

Ipovrihio

GREC €

10 PLAN P. 136, E3

Exigu et coloré, le "sous-marin" est imprégné de l'ambiance décontractée d'Exarhia. Le raki coule à flots, mais un large choix de classiques grecs maison (côtes de porc, *dakos* crétois, plats végétariens...) et de pâtes italiennes compense délicieusement les effets de l'alcool. Les petites portions permettent de goûter plein de bonnes choses à la fois. (Asklipiou 53, angle Arahovis, Exarhia)

Hayat

KURDE €

11 PLAN P. 136, F3

De la soupe de lentilles aux kebabs et ragoûts d'un bon rapport qualité/prix, Hayat sert de copieuses spécialités kurdes bien relevées – ainsi que des en-cas si vous êtes pressé. (Ippokratous 78, Exarhia ; www.facebook.com/Hayatgeuseis)

Piadina Lumbro

PIZZA €

12 PLAN P. 136, D4

Simples et délicieuses, les pizzas sont faites maison et les wraps avec une *piadina*, un pain plat rond d'Émilie-Romagne. Complétez votre repas avec une pannacotta et d'autres desserts italiens. (Omirou 15 ; www.piadinalumbro.gr)

Café Boheme Barbagiannis

CAFÉ €

13 PLAN P. 136, E2

Ce café décontracté occupant l'ancienne *taverna* Barbagiannis, qui existait depuis 1915 à Exarhia, est parfait pour un café dans la journée ou pour déguster un bon vin et une cuisine grecque fraîche et exquise dans une ambiance plus animée le soir. (Emmanuel Benaki 94, Exarhia ; http://cafeboheme.gr)

Rozalia

TAVERNA €

14 PLAN P. 136, D2

Dans une rue commerçante animée, cette adresse familiale bien connue prépare des grillades et autres plats maison. Les mezze sont présentés aux clients sur un plateau, de sorte à faciliter le choix cornélien. Préférez les tables dans le jardin à celles installées sur le trottoir inégal. (Valtetsiou 59, Exarhia ; www.rozalia.gr)

Veneti

CAFÉ

15 PLAN P. 136, B3

Le Veneti (alias Beneth) occupe les vastes locaux de l'ancien café Neon, vieux repaire mythique des intellectuels athéniens, fermé à la suite de la crise économique. La pâtisserie au rez-de-chaussée vend des produits de qualité, dont quelques plats chauds, et l'on peut s'asseoir à l'étage ou dehors sur la place. (Plateia Omonias 7, Omonia ; www.fournosveneti.gr)

Prendre un verre

Taf Coffee

CAFÉ

16 PLAN P. 136, C3

L'un des meilleurs torréfacteurs nouvelle tendance à Athènes, le Taf distribue ses produits dans tout le pays et même à l'étranger. Café à consommer en salle ou au comptoir. (Emmanuel Benaki 7, Omonia ; www.cafetaf.gr)

Revolt

BAR

17 PLAN P. 136, D2

Avec sa façade décorée de street art et sa terrasse, ce bar est

Alexandrino (p. 142)

une bonne base pour tester les clubs alentour : vous n'avez qu'à descendre Koletti jusqu'à Mesolongiou et les rues piétonnes. (Koletti 25-27, Exarhia ; www.facebook.com/Revoltstreetbar)

Tsin Tsin

BAR À COCKTAILS

18 PLAN P. 136, D3

Le barman expert en cocktails et l'atmosphère cosy de ce bar, quoiqu'un peu excentré, valent le détour. (Kiafas 6, Exarhia ; www.facebook.com/tsintsinathens)

Beatniks Road Bar

BAR

19 PLAN P. 136, D2

Simple et convivial, ce bar offre un bon choix de bières pression et de cocktails. Des DJ et des musiciens s'y produisent à l'occasion, privilégiant le blues et le rock'n'roll. Les propriétaires généralement présents sont heureux d'engager la conversation. (Koletti 14, Exarhia)

Marché de rue du samedi

Avec ses marchands bruyants s'agitant au pied de superbes édifices néoclassiques, le **laïki agora** d'Exarhia (marché hebdomadaire d'Exarhia ; Plan p. 136, E1) est particulièrement remarquable. Les touristes n'ont pas vraiment l'usage des articles ménagers en vente, mais s'intéresseront au marchand d'ouzo. Ils peuvent observer le spectacle dans un café.

Nabokov

BAR

20 PLAN P. 136, E3

Tout ce qu'on attend d'un bar d'Exarhia : tendance littéraire, musique rétro, de quoi grignoter, quelques plats et des clients qui se sentent comme chez eux. Il y a même un petit flipper en prime. (Asklipiou 41, Exarhia)

Tralala

BAR

21 PLAN P. 136, E3

Ce bar excentrique avec ses boules scintillantes, ses œuvres d'art originales, ses propriétaires enjoués, son ambiance conviviale et sa musique assortie au reste est fréquenté par des artistes. (Asklipiou 45, Exarhia ; www.facebook.com/TralalaCafe)

Alexandrino

BAR À COCKTAILS

22 PLAN P. 136, E2

Un parfum de bistrot français flotte dans ce bar minuscule servant d'excellents vins et cocktails. Fermé en août. (Emmanuel Benaki 69A, Exarhia)

Ivi

CAFÉ

23 PLAN P. 136, D2

Les lieux où boire un expresso frappé près de la principale place d'Exarhia sont légion, mais ce café est plaisant avec sa devanture ouverte et sa musique relaxante.

Des esprits créatifs s'y rendent avec leur PC afin de refaire le monde ensemble. (wifi)

Sortir

Théâtre national — THÉÂTRE

24 PLAN P. 136, A3

L'institution programme une large variété de pièces contemporaines et classiques, que ce soit dans son élégant bâtiment néoclassique, dans d'autres salles athéniennes, ou bien même, l'été venu, dans certains théâtres antiques de province. Billets à prix raisonnables et spectacles parfois sous-titrés en anglais. (Agiou Konstantinou 22-24, Omonia ; n-t.gr)

Riviera — CINÉMA

25 PLAN P. 136, E2

En activité depuis 1969, ce cinéma d'art et d'essai en plein air projette notamment des nouveaux films indépendants et des courts métrages. (Valtetsiou 46, Exarhia ; www.facebook.com/riviera.athens)

Vox — CINÉMA

26 PLAN P. 136, E2

Ce cinéma en plein air installé sur la place principale d'Exarhia depuis 1938 bénéficie aujourd'hui du statut de monument historique – ce qui n'enlève rien à son authenticité. Arrivez avant la séance pour prendre un verre dans le café au rez-de-chaussée. (Themistokleous 82, Exarhia ; www.facebook.com/vox.athens)

Apéritif à Exarhia

Presque chaque colline de Grèce a son café. Celui au sommet de Strefi s'appelle l'**Exostrefis** (Anexartisias 9, Exarhia), un petit bar décontracté où prendre une bière avec des en-cas au coucher du soleil, en compagnie des habitués du quartier. Il y a même de la musique live les soirs de week-end (entrée 10 € minimum). En hiver, l'animation se déplace "en bas", dans un restaurant en sous-sol de la Plateia Exarhion.

Feidiou 2 Music Cafe — MUSIQUE LIVE

27 PLAN P. 136, D4

Un concert de musique traditionnelle, généralement du rébétiko, débute vers 22h presque tous les soirs dans ce petit café cosy à la lisière d'Exarhia. Clientèle mélangée de tous âges. (Fidiou 2, Exarhia ; www.facebook.com/Feidiou2)

AN Club — MUSIQUE LIVE

28 PLAN P. 136, D2

Un club de rock établi de longue date, où se produisent des petits groupes internationaux et des formations grecques – surtout de heavy metal. (Solomou 13, Exarhia ; www.anclub.gr)

Le retour du rébétiko

- Classique absolu de la scène musicale athénienne, le rébétiko est un genre populaire apparu dans les années 1920, qui suscite aujourd'hui un nouvel engouement. Exarhia est l'endroit privilégié pour découvrir ce "blues grec".

- Parmi les plus anciennes institutions du genre, **O Kavouras** (Themistokleous 64, Exarhia) invite à faire la fête jusqu'à l'aube. Sachez toutefois que l'endroit ferme en été, comme la plupart des établissements dépourvus d'espace en plein air.

- Intéressez-vous aussi aux petits bars de la rue Emmanuel Benaki et du secteur très fréquenté par les étudiants autour du croisement de Koletti et Mesolongiou.

Shopping

Zacharias

MODE ET ACCESSOIRES

29 PLAN P. 136, E2

Une gamme d'accessoires aux motifs sérigraphiés d'inspiration antique, créée par un duo de designers hispano-grec. Mention spéciale aux carnets, portefeuilles et autres articles en cuir dont les couleurs rappellent les céramiques grecques. Certaines boutiques de musée vendent des produits de la marque ; mais le choix est plus varié ici. (Zoodohou Pigis 55-57, Exarhia ; www.zacharias.es)

Plan 59

MUSIQUE

30 PLAN P. 136, E2

Entre ce disquaire et son voisin l'Old School, les amateurs de vieux vinyles auront de quoi chiner dans un stock important d'albums de jazz et de rock psychédélique. Plan 59 vend davantage de disques de musique grecque, ainsi que des livres et des magazines. (Zoodohou Pigis 59, Exarhia ; www.plan59.wordpress.com)

Le Livre Ouvert

LIVRES

31 PLAN P. 136, D4

Librairie générale francophone ouverte en 2010 et dont le nom, inspiré du recueil poétique de Paul Éluard, fait écho à sa politique d'ouverture autour du livre – avec une cellule éditoriale notamment, et de nombreux ateliers organisés. (Solonos 77, Panepistimio ; lelivreouvert.gr)

Koukoutsi

MODE ET ACCESSOIRES

32 PLAN P. 136, E4

Niko et Taso conçoivent les dessins simples et élégants inspirés par Athènes et la Grèce qui ornent les T-shirts, accessoires et estampes vendus dans cette minuscule boutique. D'autres boutiques et magasins de cadeaux de la ville vendent leurs articles, mais ici ils se déclinent dans tout un éventail de tailles et de couleurs. (Skoufa 81 ; koukoutsi.net)

Loumidi CAFÉ

33 PLAN P. 136, B3

Visible à chaque coin de rue, la célèbre chaîne de café Papagalo a été fondée en 1920 par la famille Loumidis – avant d'être rachetée par un conglomérat international. La jolie boutique d'origine est l'endroit idéal pour un café, à deux pas de la Plateia Omonias. (Eolou 106, Omonia : kafekopteialoumidi.gr)

Comicon Shop BD

34 PLAN P. 136, D2

Large éventail de BD grecques indépendantes, de romans graphiques et de fanzines. (Solonos 128, Exarhia ; comicon-shop.gr)

Travel Bookstore LIVRES

35 PLAN P. 136, D4

Une librairie centrale où se procurer cartes et guides de voyage. (Solonos 71, Panepistimio ; travelbookstore.gr)

Ellinika Kouloudia ALIMENTATION ET BOISSONS

36 PLAN P. 136, E2

En plein cœur du marché du samedi, cette épicerie fine pittoresque propose tout une gamme de produits traditionnels exquis : miels, fromages, herbes, vins et ouzo. (Kalidromiou 51a, Exarhia)

Théâtre national (p. 143)

KOSTAS KOUTSAFTIKIS/SHUTTERSTOCK ©

Explorer

Colline de Philopappos, Thisio et Petralona

Échappez à la frénésie d'Athènes en faisant une halte dans un café tranquille ou en flânant au milieu des vieilles pierres. Les poches de verdure de Philopappos et des collines voisines constituent d'agréables oasis. Les quartiers de Thisio et Petralona, situés à une courte distance à pied, semblent à des lieues du flot touristique.

Notre sélection

- ***Colline de la Pnyx (p. 151)*** *Effectuez un pèlerinage jusqu'au site des premières assemblées démocratiques.*
- ***Église Dimitrios Loumbardiaris (p. 149)*** *Allumez un cierge dans cette église byzantine pleine de charme.*
- ***Théâtre Dora Stratou (p. 155)*** *Regardez un spectacle de danse folklorique grecque dans ce théâtre de danse régionale.*
- ***Sanctuaire des Muses (p. 149)*** *Déposez une offrande dans ce lieu de la colline de Philopappos, source d'inspiration depuis des siècles pour les artistes.*

Comment s'y rendre et circuler

M De la station Thisio (ligne verte), remontez la rue piétonne Apostolou Pavlou.

M De la station Akropoli (ligne rouge), dirigez-vous vers l'ouest en empruntant la rue piétonne Dionysiou Areopagitou.

M La colline complique un peu le chemin de la station Petralona (ligne verte) au quartier éponyme ; préférez Thisio.

Plan de Philopappos, Thisio et Petralona p. 150

Colline de Philopappos MARIUS GODOI/SHUTTERSTOCK ©

Les incontournables

Se promener sur la colline de Philopappos

PLAN P. 150, D6

Également appelée colline des Muses, Philopappos est, avec les collines de la Pnyx (p. 151) et des Nymphes, d'après Plutarque, le lieu où s'affrontèrent Thésée et les Amazones. Ses versants aujourd'hui plantés de pins se prêtent agréablement à la promenade et offrent l'un des meilleurs points de vue pour photographier l'Acropole.

Église Dimitrios Loumbardiaris

Cette ravissante **église** du XVIe siècle (www.facebook.com/agiosdimitriosloumpardiaris ; M Thissio, Akropoli) doit son nom à une pièce d'artillerie, la "bombarde". En 1648, un miracle aurait eu lieu à cet endroit. Alors que sur l'Acropole les Turcs s'apprêtaient à tirer au canon sur les fidèles réunis dans l'église, le canonnier fut foudroyé. Coiffée d'une toiture en bois et pavée de marbre, l'église renferme une fresque de 1732 représentant saint Dimitri sur son cheval.

Prison de Socrate

Suivez le sentier entre les pins jusqu'au dédale de salles troglodytiques où, d'après la légende, Socrate fut emprisonné avant son procès en 399 av. J.-C. Pendant la Seconde Guerre mondiale, des pièces de l'Acropole et du musée national d'Archéologie auraient été dissimulées ici pour les protéger des pillages.

Sanctuaire des Muses et fortifications

Grimpez l'escalier pavé de marbre à flanc de coteau – œuvre de l'architecte Dimitris Pikionis qui a placé chaque pierre juste au bon endroit – jusqu'au **sanctuaire des Muses**, creusé dans la roche. De nos jours encore, les artistes – implorants ou exaucés – déposent des offrandes sur un petit cairn. On distingue également les vestiges d'une **muraille** des IVe et Ve siècles av. J.-C.

Monument de Philopappos

Au sommet de la colline se dresse le monument en marbre de Philopappos, érigé en 114-116 en l'honneur de Julius Antiochus Philopappos, consul et administrateur romain. Les niches portent des statues du consul sur le trône, tandis que la frise du bas le représente dans un chariot, entouré de ses collaborateurs.

★ À savoir

- Des petits sentiers sillonnent la colline, mais le chemin en dur jusqu'au sommet débute près du *periptero* (kiosque) sur Dionysiou Areopagitou.
- Le sommet offre l'une des plus belles vues sur l'Acropole et l'Attique. Au crépuscule et à l'aube, la lumière est spectaculaire.
- Au-dessus de la cime des arbres, la colline est très exposée : en été, prévoyez de la crème solaire, un chapeau et de l'eau.

Une petite pause ?

Pour vous désaltérer, choisissez un café de Thisio sur la promenade piétonne ou retournez rue Iraklidon. L'Akropol (p. 153) est bien situé.

Sinon, déjeunez au restaurant, par exemple au Merceri (p. 152).

A
B
C
D
1
2
3
4
5
6
0
200 m
Iera Odos
Iakhou
Triptolemou
Voutadon
Kerameikos
GAZI
Technopolis
Pireos (Tsaldari Panagi)
Parc
de Thisio
Passerelle
piétonne
Ermou
Thissio
Eptachalkou
Efestion
Orfeos
15
7
Plateia
Thisiou
Agion Asomaton
Centre culturel
Melina Merkouri
4
Smoking
Barrels
THISIO
Poulopoulou
Iraklidon
Ethras
Nileos
Φ Bar
Karydi
Akteou
6
Mint Cafe
Vasilis
11
Musée
Hérakleidon
2
10
Apostolou Pavlou
Erysihthonos
Lykomidon
Padova
Exoneon
Alkminis
8
Sfittion
Thessalonikis
Thorikion
Stirieon
Galatias
Akamandos
9
3
Église Agia
Marina Thission
Kymeon
Otryneon
Pnykos
Dimitriou
Eginitou
12
Fylasion
Kiriadon
Trion Ierarhon
Dimofontos
Alsos
Petralonon
Troon
Andoniadou
Stisikleous
1
Colline
de la Pnyx
Meliteon
Navarhou
Apostoli
Apolloniou
Pallineon
KATO
PETRALONA
ANO
PETRALONA
Église Agios Dimitrios
Loumbardiaris
Kydandidon
13
5
Tritonos
Ionon
Petralona
Aheon
Eoleon
Vassani
Nos adresses
Les incontournables p. 148
Voir p. 151
Se restaurer p. 152
Prendre un verre p. 153
Sortir p. 155
Shopping p. 155
14
Arakynthou
Colline
de Philopappos
Beranzofsky

Voir

Colline de la Pnyx

PARC

1 PLAN P. 150, D4

C'est sur la colline rocheuse de la Pnyx, au nord de Philopappos, que se tenait, au Ve siècle av. J.-C., l'Assemblée des citoyens (Ecclésia). Le site peut ainsi être considéré comme le premier siège de la démocratie athénienne. On distingue encore la tribune où s'exprimèrent les grands orateurs Aristide, Démosthène, Périclès et Thémistocle. Souvent vide, à l'exception des oiseaux, ce lieu de promenade tranquille offre une belle vue sur l'Acropole. Au nord-ouest s'élève la **colline des Nymphes**, surmontée de l'ancien observatoire d'Athènes bâti en 1842.

Musée Hérakleidon

MUSÉE

2 PLAN P. 150, D3

Comprenant deux édifices, ce musée éclectique jette un pont entre les mathématiques, les arts et la philosophie à travers des expositions temporaires sur des thèmes aussi variés que la robotique, l'informatique et la construction navale. Le bâtiment B est consacré aux armes de guerre, notamment aux trirèmes, ces bateaux de guerre qui permirent aux Grecs de battre les Perses lors de la bataille de Salamine. Tout près, dans un manoir restauré, le **bâtiment A** (herakleidon-art.gr), abrite une exposition sur les automates, véritables robots de l'Antiquité. S'y trouve par ailleurs assemblée l'une des plus importantes collections d'œuvres

Colline de la Pnyx

de M. C. Escher, hélas pas toujours visitable. (Apostolou Pavlou 37, Thisio ; www.herakleidon-gr.org ; tarif plein/réduit/enfant 5/3 €/gratuit)

Église Agia Marina Thission

ÉGLISE

3 PLAN P. 150, D3

Cette église à la façade rayée et aux dômes de tuile rouge, érigée en 1931, se détache sur le flanc nord-ouest de la colline des Nymphes. L'intérieur présente de jolies peintures murales aux accents Art nouveau, et la chapelle rupestre du XIe ou XIIe siècle à l'angle sud-est, associée depuis toujours à la naissance et à la santé des enfants, est un petit bijou en soi. (Plateia Agias Marinas, Thisio)

Centre culturel Melina Merkouri

MUSÉE

4 PLAN P. 150, B2

Les amoureux du théâtre d'ombres grec (*karagiozi*) ne manqueront pas ce musée gratuit où sont présentées les créations du maître marionnettiste Haridimos (Sotiris Haritos). Il y a peu d'explications, mais les objets parlent d'eux-mêmes. À l'étage se trouve une reconstitution d'une rue du vieil Athènes, avec ses devantures de boutiques et d'ateliers. Il y a souvent un spectacle le dimanche à 11h. (Iraklidon 66, Thisio)

Un village dans la ville

À Ano Petralona, le tronçon de la rue Kallisthenous au niveau d'Aristragora est bordé de maisonnettes en pierre de style villageois. Il s'agit en réalité d'habitations ouvrières construites dans les années 1950 par l'architecte Dimitris Pikionis, concepteur des chemins dallés de Philopappos.

Se restaurer

Oikonomou

TAVERNA €€

5 PLAN P. 150, B5

Si les authentiques *tavernas* locales disparaissent peu à peu, il est toujours temps de savourer les ragoûts et autres délicieux plats d'Oikonomou. Avant de commander, n'hésitez pas à faire un tour en cuisine pour voir ce qui mijote de bon dans les casseroles. (Troon 41, Ano Petralona)

Merceri

MÉDITERRANÉEN €€

6 PLAN P. 150, C2

S'inspirant du bassin méditerranéen et utilisant des ingrédients de saison, les deux cheffes – Maria Dioudi et Melina Chomata – créent des mélanges de saveurs modernes et subtils : tartare de thon au miel, à l'anis et au gingembre ou faux-filet aux asperges et aux shiitakés. La carte des vins est également excellente. (Iraklidon 21 ; merceri.gr)

Steki tou Ilia

TAVERNE €

7 PLAN P. 150, D2

La foule se presse devant cette *psistaria* (restaurant de grillades),

Les philosophes de la raison

À la fin du Vᵉ siècle et au début du IVᵉ siècle av. J.-C., plusieurs philosophes grecs se détachèrent du mysticisme pour développer une réflexion fondée sur la logique et la raison qui allait marquer durablement la philosophie occidentale :

Socrate (469-399 av. J.-C). Le plus grand citoyen d'Athènes fut accusé de pervertir la jeunesse, emprisonné (sur la colline de Philopappos, à en croire la légende) et condamné à boire la ciguë. Il a laissé un courant de pensée fondé sur le réductionnisme par hypothèses, la méthode socratique, qui a toujours cours aujourd'hui.

Platon (427-347 av. J.-C). Principal disciple de Socrate, Platon fit connaître la pensée et la méthode de son maître à travers une œuvre écrite abondante. Considéré comme un idéaliste, il rédigea *La République* en guise d'avertissement à la cité d'Athènes, qu'il jugeait vouée à l'échec si son peuple ne respectait pas les lois et n'éduquait pas suffisamment la génération future.

Aristote (384-322 av. J.-C.). L'élève de Platon créa sa propre école (p. 109), au sein de laquelle purent notamment se développer ses recherches sur l'astronomie, la physique, la zoologie, l'éthique et la politique. Aristote fut aussi le médecin personnel de Philippe II de Macédoine et le précepteur d'Alexandre le Grand.

renommée pour son agneau et son porc, ses accompagnements simples (sauces, frites et salades) et son vin au tonneau. L'été, l'établissement déménage en face, dans un jardin caché. (Eptahalkou 5, Thisio ; facebook.com/tostekitouilia)

Prendre un verre

Upupa Epops

BAR-RESTAURANT

8 PLAN P. 150, A3

La "Huppe" incarne parfaitement l'esprit branché (mais pas trop) de Petralona : nombreux espaces garnis de vieux meubles dépareillés, cour charmante, bonne carte et fréquents DJ sets. Malgré l'ambiance animée, vous trouverez toujours un coin pour discuter au calme. (Alkminis 7, Petralona ; facebook.com/upupaepopsthebar2016)

Akropol

CAFÉ

9 PLAN P. 150, D3

Ce "café vintage" n'est pas très vieux, mais donne l'impression d'exister depuis des lustres. Ses soirées musicales attirent les riverains et les touristes curieux. (Akamandos 3, Thisio ; www.acropolvintage.gr)

Le panthéon de la Grèce antique

Les Grecs de l'Antiquité vénéraient "12 dieux de l'Olympe" immortels résidant sur le mont Olympe, mais aussi d'autre dieux, déesses et demi-dieux, qui intervenaient dans la vie des hommes. Chaque cité-État avait une divinité protectrice à laquelle les gens faisaient appel.

Les dieux et déesses grecs :

Zeus (nom romain : Jupiter) Dieu du Tonnerre, il régnait sur l'Olympe. Il savait se déguiser pour séduire les mortelles.

Héra (Junon) Protectrice des Femmes et de la Famille, la reine du Ciel est à la fois l'épouse et la sœur de Zeus. Dans les mythes, elle cherche souvent à se venger des enfants illégitimes de Zeus.

Poséidon (Neptune) Dieu des Mers et des Eaux, le plus jeune frère de Zeus réside dans un palais sous-marin.

Athéna (Minerve) La déesse de la Sagesse, de la Guerre et de la Science est sortie armée de pied en cap de la tête de Zeus. Elle privilégie la diplomatie.

Arès (Mars) Dieu de la Guerre. À la différence d'Athéna, il est sanguinaire et incontrôlable. Le fait qu'il soit le protecteur de Sparte n'a rien d'un hasard.

Aphrodite (Vénus) Née de l'écume, elle est la déesse de l'Amour et de la Beauté. Son fils Éros (Cupidon), un chérubin, lui vient en aide.

Héphaïstos (Vulcain) Dieu de l'Artisanat, du Feu et de la Forge, il punit les mortels en créant une femme : Pandore (et sa jarre contenant tous les maux).

Apollon Le dieu de la Philosophie, des Arts, de la Médecine et du Soleil est aussi un excellent archer.

Artémis (Diane) Déesse de la Chasse, elle est la sœur jumelle d'Apollon. Elle est étroitement associée à Hécate, la protectrice des magiciens.

Hermès (Mercure) Messager des dieux et patron des Voyageurs et des Commerçants.

Dionysos (Bacchus) Dieu bruyant du Vin et du Théâtre, il protège les parias et recherche l'extase.

Déméter (Cérès) Déesse de la Terre, de la Fertilité et des Saisons.

Hestia (Vesta) Déesse du Feu sacré et du Foyer.

Hadès (Pluton) Dieu des Enfers. Avec l'aide de Charon, le nocher, il conduit les défunts dans le royaume souterrain des morts.

Sin Athina

CAFÉ

10 PLAN P. 150, D3

Sis à l'angle de deux rues piétonnes, ce café peut s'enorgueillir d'un emplacement privilégié et d'une vue splendide sur l'Acropole. Sur le toit en terrasse, le cadre est magique mais les prix sont plus élevés. (Iraklidon 2, Thisio ; www.sinathina.gr)

The Underdog

CAFÉ

11 PLAN P. 150, D3

Les baristas de ce café, vainqueurs de plusieurs championnats, savent faire du bon café. Le torréfacteur et le bar occupent un vaste espace, avec cour ombragée à l'arrière. Ils servent également des bières artisanales. (Iraklidon 8, Thissio ; underdog.gr ;)

Sortir

Thission

CINÉMA

12 PLAN P. 150, D4

Face à l'Acropole, ce joli cinéma à l'ancienne est installé dans un cadre verdoyant. Asseyez-vous dans le fond si vous voulez apercevoir le monument éclairé. Les billets sont moins chers du lundi au mercredi. (Apostolou Pavlou 7 ; cine-thisio.gr)

Zefiros

CINÉMA

13 PLAN P. 150, B5

Un cinéma en plein air projetant d'obscurs films étrangers ainsi que des classiques en noir et blanc. (Troon 36, Ano Petralona ; newstarartcinema.gr/zephyros)

Meilleurs cafés-bars

À Thisio, le rue piétonne d'Iraklidon, une ancienne voie ferrée, compte de nombreux bars et cafés. Prenez un café au **Mint Cafe** (Plan p. 150, C2 ; www.facebook.com/mint.cafe.thissio) et sirotez un cocktail au **Φ Bar** (F Bar ; Plan p. 150, C2 ; www.facebook.com/rockbarathens) ou au **Smoking Barrels** (Plan p. 150, C2 ; www.facebook.com/SmokingBarrelsAthens). Si votre chien vous manque, rendez-vous le soir sur les collines de Philopappos et de la Pnyx, les habitants y promènent leurs toutous. Le marché (*laïki agora*) de Petralona se tient le vendredi.

Théâtre Dora Stratou

DANSE

14 PLAN P. 150, C6

Chaque été, les spectacles des 75 chanteurs et danseurs de la compagnie font découvrir les costumes et traditions musicales du pays. (Arakinthou 33 ; grdance.org)

Shopping

Bernier/Eliades

ART

15 PLAN P. 150, C2

Cette galerie, fondée en 1977, expose des artistes grecs de renom et une kyrielle d'artistes étrangers. Les expositions, plutôt minimalistes, changent à peu près toutes les six semaines. (Eptachalkou 11, Thisio ; bernier-eliades.gr)

Explorer

Gazi, Keramikos et Metaxourgio

Gazi est un exemple typique de quartier industriel désaffecté réhabilité par des artistes et propriétaires de bar. Dix ans plus tard, c'est au tour du quartier voisin de Keramikos et de celui, agité, de Metaxourgio, où les bars et cafés branchés surgissent près des bâtisses délabrées et des grossistes chinois.

Notre sélection

- ***Keramikos (p. 158)*** *Flânez au milieu des stèles merveilleusement sculptées et des ruines couvertes de fleurs de la plus vieille porte d'Athènes.*
- ***Musée d'Art islamique (p. 163)*** *Contemplez les trésors des chahs et des cheikhs des siècles passés.*
- ***Musée de l'Industrie gazière (p. 165)*** *Admirez ce complexe de fours et de bâtiments industriels du XIXe siècle, véritables installations artistiques géantes.*
- ***Annexe Pireos du musée Benaki (p. 163)*** *Grâce aux expositions éclectiques qui changent en permanence, découvrez l'art grec des XXe et XXIe siècles.*
- ***Performances décalées (p. 169)*** *Tombez par hasard sur un spectacle de danse ou de théâtre expérimental dans un wagon du Treno sto Rouf.*

Comment s'y rendre et circuler

Ⓜ La station Kerameikos (ligne bleue) se situe au cœur de Gazi.

Ⓜ La station Thissio (ligne verte) est un peu plus proche du site archéologique de Keramikos.

🚖 Des taxis attendent dans le centre de Gazi ; sinon, on peut en appeler un. Prix majoré de 60% après minuit (tarif 2).

Plan de Gazi, Keramikos et Metaxourgio p. 162

Station de métro Kerameikos MILAN GONDA/SHUTTERSTOCK ©

Les incontournables

Flâner parmi les ruines de Keramikos

Nécropole d'Athènes jusqu'au VIe siècle, Keramikos était à l'origine un quartier de potiers (d'où le mot "céramique"), établi aux alentours de 3000 av. J.-C. sur les berges argileuses de la rivière Eridanos. Redécouvert en 1861 lors de l'aménagement de la rue Pireos, ce site verdoyant et tranquille abrite de belles stèles funéraires sculptées.

PLAN P. 162, D3

210 346 3552

odysseus.culture.gr

adulte/enfant musée compris 8 €/gratuit

8h-20h, horaires réduits en basse saison

M Thissio

Musée archéologique

Ce petit musée renferme des stèles et sculptures remarquables, comme le **taureau en marbre** du tombeau de Dionysos de Kollytos (IVe siècle av. J.-C.), des offrandes funéraires et des jouets antiques. Remarquez aussi le molosse en pierre plus vrai que nature qui monte la garde dehors.

Porte Sacrée

Cette porte, dont ne subsistent que les fondations, marquait jadis la fin de la **voie Sacrée** (Iera Odos) entre Éleusis et Athènes, empruntée chaque année par les pèlerins lors de la **procession de la fête éleusinienne**. Une large rue suivant le même tracé conduit toujours vers l'ouest jusqu'à l'actuelle Elefsina.

Dipylon

Principale entrée de la cité et point de départ de la procession des Panathénées, cette porte était aussi l'endroit où les prostituées offraient leurs services aux voyageurs. Sur un podium non loin de là, Périclès prononça son fameux discours rendant hommage aux vertus d'Athènes et aux soldats morts durant la première année de la guerre du Péloponnèse. Entre la porte Sacrée et le Dipylon se trouvent les ruines du **Pompéion**, l'édifice en marbre où l'on rangeait les objets cérémoniels et les véhicules de la procession panathénaïque.

Allée des Tombeaux

Partant à gauche de la voie Sacrée lorsqu'on s'éloigne de la ville, cette avenue était réservée aux sépultures des Athéniens de haut rang. Elle abrite des répliques de stèles dont les originaux sont conservés dans le musée du site et au musée national d'Archéologie. Certaines frappent par leurs détails émouvants.

★ À savoir

- Au milieu du site, contemplez la perspective sur Iera Odos, au-delà des grilles vers le nord-ouest : vous imaginerez mieux la disposition des portes et autres édifices de la voie Sacrée.
- Il n'y a ni café ni boutique à proximité immédiate ; prévoyez de l'eau ou une bouteille à remplir au robinet près du musée.
- Le site et le musée sont inclus dans le billet combiné de l'Acropole.

Une petite pause ?

Rien ne vaut les cafés et restaurants de Gazi pour se désaltérer. Choisissez par exemple A Little Taste of Home (p. 165).

Un peu plus loin dans Thisio, accédez au Steki tou Ilia (p. 152) par une passerelle enjambant Ermou à l'entrée du site de Kerameikos.

Promenade à pied

Une soirée à Gazi

Tels des phares dans la nuit, les cheminées rougeoyantes de Technopolis attirent les fêtards vers Gazi et son lacis de rues remplies de bars et de restaurants. Alors que l'ambiance du quartier se fait plus bruyante et mainstream au fil des ans, les secteurs de Keramikos et de Metaxourgio voient fleurir des lieux de sortie plus calmes et plus alternatifs – bien que les bâtisses abandonnées puissent être effrayantes la nuit.

La promenade

Départ Plateia Avdi, Metaxourgio

Arrivée Plateon et Leonidou, Keramikos

Distance 1,8 km

Durée une heure (ou toute la nuit)

❶ Un cocktail pour commencer

Débutez la soirée dans l'un des cafés-bars branchés de la Plateia Avdi, comme le **Myrovolos** (www.facebook.com/myrovolosmetaxourgeio), un établissement mixte tenu par des lesbiennes en dessous d'un club de moto – bref, un mélange des genres typique de Metaxourgio. La place compte d'autres bars aussi branchés, comme le **Blue Parrot** (p. 168).

❷ Voyage culinaire

On se bouscule chaque soir au **Seychelles** (p. 166) ; si vous n'avez pas réservé, arrivez avant 21h et le coup de feu du dîner. La carte du jour affiche des plats régionaux grecs d'une fraîcheur irréprochable, préparés dans une cuisine ouverte par des chefs tatoués. Pour l'anecdote, le nom du restaurant est un clin d'œil au café Bahamas qu'il a remplacé.

❸ Bars tendance

Après dîner, flânez au sud-est dans Keramikos, évitez les coins louches et empruntez la rue piétonne de Salaminos où se trouve **Alphaville** (www.facebook.com/seaboyathens) et quantité d'autres bars bohèmes alliant bonne musique, boissons pas chères et *kefi* (ambiance festive).

❹ Blues grec

Après avoir bu un ou deux verres, allez voir si un groupe de rébétiko a commencé à jouer au **Steki Pinoklis** (p. 169), une *taverna* enfumée où le blues grec (*rembetika*) résonne en hiver.

Street Art

À l'instar d'Exarhia, Gazi est un gisement à ciel ouvert de graffitis et de peintures murales. Mieux vaut revenir en journée ; le circuit organisé par **Alternative Athens** (p. 22) permet d'en savoir plus sur les artistes et le sens de leurs œuvres.

❺ Gazi gay

Gazi a vu naître l'une des scènes gays et lesbiennes les plus intéressantes d'Athènes. Pour s'éclater, direction le tout nouveau club du quartier, **BeQueer** (p. 168) ou bien, côté filles, les soirées danse rétro du **Noiz** (www.facebook.com/noizclubATH).

❻ Jazz

Des groupes de jazz et de musique africaine se produisent à l'**Afrikana** (p. 169), dans une petite maison au cadre cosy.

❼ Fringale nocturne

À Athènes, les sorties nocturnes se terminent souvent par des souvlakis. **Elvis** (p. 165), l'adresse phare du secteur, est encore ouvert après la fermeture des bars – et l'ambiance y est presque aussi tapageuse.

Nos adresses
Les incontournables p. 158
Voir p. 163
Se restaurer p. 165
Prendre un verre p. 168
Sortir p. 169
0
200 m
Galerie municipale d'Athènes
Latraac
Musée d'Art islamique
Musée des Céramiques traditionnelles
Hammam
Kerameikos
Musée de l'Industrie gazière
Annexe Pireos du musée Benaki
METAXOURGIO
KERAMIKOS
GAZI
VOTANIKOS
PSYRRI
THISIO
ROUF
Votanikos Kipos (Jardin botanique)
Plateia Avdi
Plateia Eleftherias (Koumoundourou)
Plateia Thisiou
Plateia Anixeos
Parc de Thisio
Technopolis
Passerelle piétonne
Keramikos
Thissio
Pireos (Tsaldari Panagi)
Pireos
Iera Odos
Leof Konstantinoupoleos
Ermou
Ralli Petrou
Apostolou Pavlou

Voir

Musée d'Art islamique MUSÉE

1 PLAN P. 162, E2

Cette annexe du musée Benaki réunit une intéressante collection d'art islamique. Les salles des quatre étages présentent, dans l'ordre chronologique, des textiles, des bijoux, de la porcelaine magnifiques et même la salle de réception au sol en marbre d'une maison cairote du XVIIe siècle. Des panneaux expliquent en détail ce qui est exposé. À noter aussi un fragment du mur de Thémistocle au sous-sol. Le café du toit-terrasse, offrant une belle vue sur Keramikos, est orné de la superbe peinture murale, *Imagine un palmier*, de Narvine G Khan-Dossos. (Agion Asomaton 22, Keramikos ; benaki.org ; tarif plein/réduit/enfant 9/7 €/gratuit)

Annexe Pireos du musée Benaki MUSÉE

2 PLAN P. 162, B4

À l'inverse du bâtiment principal du musée Benaki (p. 100), dédié à la culture grecque classique, le programme de cette annexe est plus contemporain. Hormis quelques portraits du fondateur du musée Antonis Benakis réalisés par des peintres contemporains, nulle collection permanente ici, mais des expositions temporaires pouvant être excellentes. Des concerts ont parfois lieu dans la cour. Café agréable et boutique de qualité. (Pireos 138, Rouf ; benaki.org ; tarif variable selon exposition)

Musée d'Art islamique

Le Technopolis

Musée des Céramiques traditionnelles

MUSÉE

3 PLAN P. 162, E3

Un peu dans le prolongement de l'histoire du site de Keramikos, ce musée illustre le développement de la céramique en Grèce du XVIe au XXe siècle. Les 4 500 pièces de la collection sont arrangées en expositions temporaires, et l'atelier de potier traditionnel reconstitué permet de mieux comprendre le procédé artisanal. (Melidoni 4-6, Keramikos ; www.potterymuseum.gr)

Hammam

SPA

4 PLAN P. 162, E3

Bien qu'un peu exigu, ce bain turc en marbre est le meilleur des trois hammams ouverts dans le centre d'Athènes. Parmi ses atouts, les récipients appropriés, le thé chaud et les loukoums servis dans le salon après la séance. Réservez un gommage bien à l'avance pour en profiter pleinement. (Melidoni 1, Keramikos ; hammam.gr)

Galerie municipale d'Athènes

MUSÉE

5 PLAN P. 162, E1

Cette galerie héberge des expositions temporaires d'artistes grecs, mais pas uniquement. Elle mérite une visite car elle occupe une belle demeure conçue en 1833 par l'architecte danois Christian Hansen (frère de Theophil auquel on doit la célèbre académie d'Athènes dans la rue Panepistimiou). La maison a abrité, entre autres, les anciens locaux de l'usine à soie qui donna son nom à Metaxourgio. (angle Leonidou et Millerou, Metaxourgio ; http://odysseus.culture.gr)

Musée de l'Industrie gazière ÉDIFICE REMARQUABLE

6 PLAN P. 162, C3

Il est fascinant de suivre l'itinéraire pédestre faisant découvrir l'ancienne usine à gaz (p. 169) de Gazi en service de 1862 à 1984. Les fours et bâtiments industriels datant du milieu du XIXe siècle évoquent des installations d'art géantes. Des clichés et des dispositifs interactifs donnent une idée du fonctionnement de l'usine. La plateforme d'observation du nouveau bâtiment Watergas offre une vue à 360 ° sur la ville. Le site est souvent le théâtre de concerts et d'événements. Il y a aussi un café. (Pireos 100 ; gasmuseum.gr)

Latraac SKATE

7 PLAN P. 162, D1

Un skate bowl en bois, un bon café où se restaurer et des bancs de pique-nique. Il y a surtout des artistes et des adultes, mais les enfants sont les bienvenus. La cuisine est bonne. (Leonidou 63-65, Keramikos ; latraac.com)

Se restaurer

A Little Taste of Home GREC €

8 PLAN P. 162, B3

Cette initiative réussie est l'œuvre d'Ahmad, réfugié syrien et excellent hôte. Son nom en résume le concept. Le restaurant propose des plats de différentes cultures, tous bons et frais. C'est un lieu accueillant au milieu de la frénésie de Gazi. Ahmad loue aussi des appartements. (Dekeleon 3, Gazi ; http://alittletasteofhome.gr)

Aleria MÉDITERRANÉEN €€€

9 PLAN P. 162, D1

Un peu incongru dans le quartier délabré de Metaxourgio, cet élégant restaurant contemporain élabore des recettes raffinées à base de produits grecs. (Megalou Alexandrou 57, Metaxourgio ; aleria.gr ;)

CTC Urban Gastronomy GASTRONOMIE €€€

10 PLAN P. 162, D2

La cour à l'éclairage romantique est parfaite pour une sortie en amoureux, et le mystérieux menu dégustation, un voyage culinaire. Le chef Alexandros Tsiotinis a reçu une étoile du Michelin pour la cuisine méditerranéenne expérimentale du CTC. (Plateon 15 ; ctc-restaurant.com)

Elvis GREC €

11 PLAN P. 162, D2

Si cette enseigne de souvlakis attire un monde fou, c'est pour ses succulentes grillades, sa bonne musique, et les serveurs qui offrent des verres aux clients attendant d'être placés. Les brochettes sont accompagnées de bons pains moelleux et de frites. (Plataion 29, Keramikos)

Choisir au restaurant

- Les restaurants doivent afficher leur carte et leurs tarifs à l'extérieur. Seuls les plats de la liste accompagnés d'un prix sont réellement disponibles. En cas d'hésitation, commandez un plat du jour.
- Dans les établissements de catégorie supérieure, le pain est souvent facturé et les serveurs apportent automatiquement de l'eau en bouteille. Rien ne vous empêche de demander de l'eau du robinet. Cependant, aucun de ces suppléments ne devrait vous coûter bien cher.
- Le plus souvent, les plats sont prévus pour être partagés, mais les adresses traditionnelles font généralement des demi-portions pour les personnes seules.
- À cause des périodes de jeûne prescrites par la religion orthodoxe, surtout durant le Carême, avant Noël et l'été, les restaurants traditionnels proposent fréquemment des plats sans viande, voire végétaliens.
- Les ingrédients surgelés, en particulier les fruits de mer, sont signalés par un astérisque.
- Le poisson est habituellement cher, vendu au poids et cuit entier. Il est courant d'aller le choisir en cuisine (privilégiez une chair ferme et des yeux brillants). Vérifiez le poids du produit cru afin d'éviter les surprises au moment de l'addition.

Korova

GREC €€

12 PLAN P. 162, D2

Les gens papotent autour de bières et de cocktails avant d'attaquer de délicieux plats classiques grecs et méditerranéens. C'est un bon restaurant sans chichis de Keramikos. (Keramikou 93-95 ; facebook.com/athenskorova)

Seychelles

GREC €€

13 PLAN P. 162, E1

Avec sa nourriture à base de produit ultrafrais, sa cuisine ouverte, ses serveurs sympathiques, son menu du jour écrit à la main et ses airs de rock, le Seychelles a tout pour plaire. Les plats sont simples mais savoureux : champignons sautés à la poêle accompagnés d'une tranche de fromage de chèvre ou légumes verts aux œufs de poisson. Venez tôt ou réservez. Fermé en août. (Kerameikou 49, Metaxourgio ; www.instagram.com/seychellesrestaurant)

Bao Bao

CHINOIS €

14 PLAN P. 162, D2

Athènes compte de nombreux restaurants chinois, mais peu

sont bons. Le Bao Bao fait exception à la règle. Ses raviolis, ses brioches à la vapeur (*bao*) et ses plats de nouilles valent bien une soirée à Gazi. (Iera Odos 26 ; baobao.gr)

Kanella

TAVERNA €

15 PLAN P. 162, C2

Pain maison, vaisselle dépareillée, sets de table en papier marron… Le ton est donné dans cette *taverna* moderne et tendance, spécialisée dans la cuisine régionale. Un personnel aimable sert des plats du jour comme l'agneau au citron et aux pommes de terre, ou l'excellente salade de courgettes et d'avocats. (Leoforos Konstantinoupoleos 70, Gazi ; www.facebook.com/kanellagazi)

Oinomperdemata

TAVERNE €

16 PLAN P. 162, B4

Les bons vieux plats du jour sans chichis sont la marque de fabrique de cette *taverna*. Essayez les classiques comme la morue frite avec sauce à l'ail et légumes rôtis, ou le ragoût de porc, de lapin et de coq. (Vasiliou tou Megalou 10, Gazi ; oinomperdemata.gr ;)

Laika

GREC €

17 PLAN P. 162, C1

En périphérie de Gazi, ce petit café bar perdu au milieu des garages et théâtres expérimentaux est une bonne surprise. Le menu simple, mais d'un bon rapport qualité/prix inclut une moussaka végétarienne (aubergines et pommes de terre gratinées) et des pâtes. (Pellis 30)

Souvlaki grillé

SAKIS MARG/SHUTTERSTOCK ©

Prendre un verre

Blue Parrot

CAFÉ

18 PLAN P. 162, E1

La verdure abondante et l'ambiance décontractée à l'intérieur comme à l'extérieur font de ce lieu l'un des plus agréables pour se réunir autour d'un verre. (Leonidou 31)

Gazarte

BAR

19 PLAN P. 162, C2

Dans ce complexe artistique renommé, les concerts attirent les trentenaires à la mode. Il est possible de voir des spectacles dans le théâtre du sous-sol, et le bar du toit, très animé, est formidable durant les nuits d'été. Fermé en août. (Voutadon 32-34, Gazi ; gazarte.gr)

MoMix

BAR À COCKTAILS

Pionnier dans ce domaine à Athènes, le MoMix (voir 19 Plan p. 162, C2) sert d'insolites cocktails moléculaires. En 2021, le bar a déménagé sur la place de Keramikos. Sa terrasse offre une belle vue sur Gazi et l'Acropole. (Voutadon 36 ; momixbar.com)

Scène théâtrale

Les théâtres expérimentaux ne manquent pas. Bien que la plupart des pièces soient en grec, quelques-unes sont surtitrées en anglais. Regardez les affiches. Il y a parfois des comédies en anglais au **Gazarte** (p. 168).

Beaver Collective

CAFÉ

20 PLAN P. 162, A4

Un café coopératif entièrement féminin, très favorable à la scène lesbienne – même si tout le monde est bienvenu. Le brunch du dimanche a beaucoup de succès et les cocktails coulent à flots. (Vasiliou tou Megalou 46, Rouf ; facebook.com/collectivabeaver)

BeQueer

CLUB GAY

21 PLAN P. 162, C2

Ce club original et simple illumine la scène gay de Gazi. L'ambiance est chaleureuse et libérale. Il accueille parfois des soirées à thème et de drag-queens. (Keleou 10, Gazi ;www.facebook.com/bequeerathens)

A Liar Man

BAR

22 PLAN P. 162, C2

Les mosaïques colorées et l'ambiance feutrée font de ce refuge situé dans une venelle de Gazi un antidote aux bars et clubs bruyants voisins. (Sofroniou 2, Gazi ; facebook.com/aliarmanathens)

Big

GAY

23 PLAN P. 162, B1

La scène *bear* animée d'Athènes a fait de Big son point de ralliement. (Falesias 12, Votanikos ; bigbar.gr)

S-Cape

CLUB GAY

24 PLAN P. 162, C3

Une foule de jeunes gays, lesbiennes et transgenres se presse ici. Il ne faut pas craindre la fumée et la promiscuité. (Iakhou 32, Gazi ; facebook.com/scape.freeyourself)

Sortir

Afrikana
JAZZ

25 ✪ PLAN P. 162, D2

Dans une vieille maison juste en dehors du tumulte de Gazi, ce petit bar accueille des groupes de jazz et de funk. Ambiance très sympathique et clientèle mélangée. Prix du premier verre majoré d'environ 5 € lors des concerts. Fermé en août. (Ierofonton 13, Gazi ; facebook.com/afrikana.athens)

Treno sto Rouf
CENTRE ARTISTIQUE

26 ✪ PLAN P. 162, A4

Suivez le phare rougeoyant de la locomotive à vapeur stationnée derrière la gare de Rouf.
Une ribambelle de vieux wagons ont été transformés en restaurant, café-bar, salle de concert et théâtre. C'est un lieu chouette pour déguster une boisson et un en-cas en s'imaginant être dans l'Orient-Express. Fermé en août. (gare de Rouf ; totrenostorouf.gr)

Bios
MUSIQUE LIVE, GALERIE

27 ✪ PLAN P. 162, D2

Cet espace labyrinthique sur plusieurs niveaux, aménagé dans un immeuble de style Bauhaus avec vue sur l'Acropole, comporte un bar sur le toit, un restaurant, un club en sous-sol, un petit cinéma d'art et d'essai. Au programme : DJ, spectacles et expositions artistiques. (Pireos 84, Keramikos ; bios.gr)

Secteurs à éviter

Metaxourgio mérite quelque peu sa mauvaise réputation. Les pâtés de bâtiments abandonnés ou désaffectés peuvent être franchement effrayants la nuit. Évitez surtout de traîner dans les ruelles piétonnes à l'est de la Plateia Avdi, fréquentées par les toxicomanes et bordées de maisons closes. À Gazi et à Keramikos, les enseignes au néon marquées "Studio" désignent des lieux de prostitution légèrement plus reluisants.

Technopolis
MULTIPLEXE CULTUREL

28 ✪ PLAN P. 162, C3

Cette usine à gaz de 1862 reconvertie est devenue l'un des hauts lieux artistiques et culturels d'Athènes : expositions multimédias, concerts, festivals et événements divers. (Pireos 100, Gazi ; technopolis-athens.com)

Steki Pinoklis
MUSIQUE TRADITIONNELLE

29 ✪ PLAN P. 162, D1

Le style de cette *taverna*, ouverte en 2017, rappelle une époque bien plus ancienne. Excellente adresse pour écouter du rébétiko de Smyrne et autres musiques traditionnelles. Un groupe joue presque chaque soir et le dimanche après-midi. Fermé en août. (Meg. Alexandrou 102, Keramikos ; facebook.com/pinoklis)

Vaut le détour

Se détendre sur les plages dorées de Faliro

Si la chaleur estivale se fait trop écrasante dans le centre d'Athènes, souvenez-vous que le littoral n'est qu'à 7 km au sud. Sur le rivage de Faliro, profitez de la fraîcheur marine en compagnie des familles locales, arpentez la promenade du front de mer et les allées du parc Stavros Niarchos, à l'ombre de l'immense canopée du centre culturel.

Syntagma, destination Faliro. La ligne longe le parc Flisvos et continue (lentement) jusqu'aux environs du Centre Stavros Niarchos.

Plus rapide pour rejoindre directement le Centre Stavros Niarchos.

Un taxi pour le parc Flisvos coûte environ 14 €.

Parc de Flisvos

Très prisé des familles, le **parc de Flisvos** (Palaio Faliro ; https://parkoflisvos.gr ;) compte de nombreuses aires de jeux, un cinéma en plein air et un formidable théâtre d'ombres durant l'été, le **Theatro Skion Tasou Konsta** (parc de Flisvos, Palaio Faliro ; www.fkt.gr).

L'endroit s'anime vers le coucher du soleil, lorsque les habitants sortent pour la *volta* (balade) du soir.

Centre culturel de la Fondation Stavros Niarchos

Ce vaste **complexe culturel** (Leoforos Syngrou 364, Kallithea ; www.snfcc.org) ultra-moderne conçu par l'architecte italien Renzo Piano déploie son toit "ailé" sur une colline dominant la baie de Faliro.

Inauguré en 2016, le Centre abrite la Bibliothèque nationale et l'**Opéra national de Grèce** (Ethniki Lyriki Skini ; www.nationalopera.gr/en). Consultez le programme des événements artistiques organisés au bord du majestueux bassin.

Parc Stavros Niarchos

Dans une ville qui manque d'espaces verts, le **parc Stavros Niarchos** (Synggrou 364, Kallithea ; www.snfcc.org) offre aux Athéniens une bouffée d'oxygène bienvenue, avec ses parterres de lavande et ses rangées d'oliviers sillonnés de sentiers.

Des cours de danse et de gym gratuits sont régulièrement organisés sur la grande pelouse centrale, ainsi que des marathons de films les nuits d'été.

Un terrain de jeu, des installations sonores interactives et des vélos à louer (1 €/heure, 3 € pour s'enregistrer la première fois) complètent le tableau.

★ À savoir

- Assurez-vous de bien prendre le tramway à destination de Faliro – la ligne bifurque près de la mer.
- Outre les transports publics, une navette de la Fondation Stavros Niarchos part de Syntagma, 9 à 11 fois par jour, de 8h30 à 22h environ.
- Le rivage longé par le tramway est rocheux, mais on peut s'y baigner. Vous accéderez facilement à la mer via Mousson. Vous pouvez aussi aller jusqu'à Glyfada, Voula et Vouliagméni.

Une petite pause ?

Le parc Stavros Niarchos compte deux cafés et un bistrot, le parc de Flisvos des restaurants et stands. Poussez jusqu'au Pirée pour dîner au **Varoulko** (Akti Koumoundourou 54, Mikrolimano ; www.varoulko.gr), étoilé au Michelin.

Carnet pratique

Gare du port du Pirée UNGVARI ATTILA/SHUTTERSTOCK ©

Avant de partir

Hébergement

- Athènes offre une gamme complète d'hébergements.
- Dans la catégorie moyenne optez pour le nouveau type de suites design des quartiers de Syntagma, Monastiraki et Psyrri.
- Réservez deux mois à l'avance (quatre en été) pour bénéficier du meilleur choix.
- Les piscines sont rares et le Wi-Fi fonctionne souvent lentement.

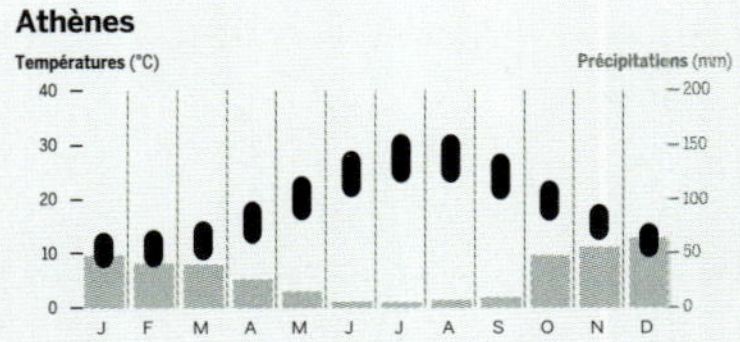

Quand partir

- **Été** (juin-août) Températures et prix élevés. Festivals en plein air et rues animées. En août, certains hôtels et commerces ferment, et les Athéniens quittent la ville.
- **Automne** (sept-oct) Temps plus doux et moins de visiteurs. Le prix des hébergements baisse.
- **Hiver** (nov-mars) Temps froid, pluie et neige occasionnelles. La vie nocturne et artistique continue. Prix des hébergements au plus bas.
- **Printemps** (avr-mai) Climat idéal et touristes épars. Hébergements à prix raisonnables. Les cinémas et restaurants en plein air rouvrent en mai.

Sites utiles

Boutique Athens (www.boutiqueathens.com). Appartements et maisons à louer en ville.

Catégorie petits budgets

Acropolis Select (www.acropoliselect.gr). Tout un chacun peut prendre un petit-déjeuner sur le toit avec vue sur l'Acropole.

City Circus (www.citycircus.gr). Une auberge de jeunesse alternative et branchée.

Marble House Pension (www.marblehouse.gr). Havre de tranquillité dans une jolie impasse.

Phaedra (www.hotelphaedra.com). Institution familiale très bien située à Plaka.

Catégorie moyenne

InnAthens (www.innathens.com). Excellent rapport qualité/prix pour le style design et l'emplacement.

Pamé House (www.pamehouse.com). Nouvel hôtel élégant de Psyrri.

Lozenge (www.lozengehotel.com). Chic, calme et bien situé.

Coco-Mat Hotels (www.athensbc.com). Plusieurs hôtels tout confort, dans le secteur de l'Acropole et de Kolonaki.

Catégorie supérieure

Athens Was (www.athenswas.gr). Idéalement placé pour visiter l'Acropole.

Hébergement par quartier

Quartier	Avantages	Inconvénients
Plaka	Ambiance animée et proximité de l'Acropole.	Épicentre touristique.
Syntagma	Chambres plus grandes et mieux équipées qu'ailleurs.	Grands immeubles des années 1970 sans cachet.
Monastiraki et Psyrri	Cadre pittoresque et accès facile en métro depuis l'aéroport.	Bars bruyants, ouverts jusqu'à 4h le week-end.
Quartier de l'Acropole	Atmosphère locale à Makrygianni et Koukaki.	Koukaki à 15 minutes à pied de l'Acropole.
Kolonaki	Calme et chic. Pratique pour visiter les musées.	Une petite marche ou un court trajet en métro mènent à Plaka.
Omonia	Quelques hôtels nouveaux ou rénovés de qualité.	Usage de drogue et prostitution bien visibles le soir.
Exarhia	Vie nocturne et restaurants animés.	Peu d'hôtels et situation excentrée.
Thisio et Petralona	Agréable, moderne et très peu touristique.	Peu d'hôtels et Acropole à 10-15 minutes de marche.
Mets et Pangrati	Tranquille et doté de bons restaurants.	Moins pratique. 20 minutes de marche ou trajet en bus pour rejoindre l'Acropole.
Gazi, Keramikos et Metaxourgio	Quartiers branchés où les bars intéressants abondent.	Gazi est bruyant et certains coins de Metaxourgio sont peu sûrs.

Grande Bretagne (www.marriott.com). Palace des stars et des têtes couronnées sur la place Syntagma.

Electra Palace (www.electrahotels.gr). L'établissement le plus luxueux de Plaka.

Project 3 Urban Chic Hotel (www.project3urbanchichotel.com). Très bien situé près de la place centrale de Kolonaki.

Arriver à Athènes

Aéroport international Eleftherios Venizelos

L'**aéroport d'Athènes** (www.aia.gr) se situe à Spata, à 27 km à l'est de la ville, et ne comporte qu'un seul terminal avec tous les services modernes.

Transports

Ligne 3 du métro Aller simple/aller-retour valable 7 jours 9/16 € ; 50 min jusqu'à Monastiraki (6h30-23h30 ttes les 30 min).

Bus X95 5,50 € ; 1 heure-1 heure 30 jusqu'à Syntagma ; ttes les 20-30 minutes, 24h/24.

Un fil d'Ariane en voyage

Vous êtes ressortissant français ? Pensez à vous enregistrer sur le **portail Ariane** (pastel.diplomatie.gouv.fr/fildariane) du ministère des Affaires étrangères. Ce service gratuit vous permet de recevoir des alertes si la situation le justifie. Crise politique, catastrophe naturelle, attentat... recevez en temps réel des consignes de sécurité lors de votre voyage.

Il existe une application pour les Smartphones et les tablettes, intitulée *Conseils aux voyageurs*.

Taxi Tarif fixe de jour/nuit jusqu'au centre 40/55 €, péage inclus ; 30-45 min. Le tarif de nuit dépend de l'heure d'arrivée et non de prise en charge.

Welcome Pickups (www.welcomepickups.com). Réservez une voiture tôt. Tarif plus élevé qu'un taxi.

Depuis la France

- Un aller-retour Paris-Athènes coûte au minimum 150 euros en milieu de semaine et en basse saison, réservé longtemps à l'avance. En haute saison, comptez entre 270 et 430 €. Le vol dure près de 3 heures 15. Air France (☎ 36 54, 0,34 €/min ; www.airfrance.fr), Aegan Airlines (fr.aegeanair.com) et Olympic Air (www.olympicair.com/en) proposent des vols directs entre Paris et Athènes à partir de 150 €. Sinon, passez par une compagnie low cost, comme Easy Jet.

Depuis la Belgique

- Aegan Airlines (fr.aegeanair.com) et Brussels Airlines (www.brusselsairlines.com/fr-be/) opèrent des vols Bruxelles-Athènes. Comptez au moins 230/320 € aller-retour en basse/haute saison.

Depuis la Suisse

- Aegan Airlines (fr.aegeanair.com) et Swiss Air (www.swiss.com) proposent des vols depuis Zurich et Genève. Comptez entre 130 et 330 CHF aller-retour.

Depuis le Canada

- Des compagnies régulières comme Air Canada (www.aircanada.com), Aegan Airlines (fr.aegeanair.com) et Air Transat (www.airtransat.com) desservent Athènes. Un vol direct Montréal-Athènes (9 heures 10) revient à 1 000 $C.

Port du Pirée

- La plupart des ferries et des navires de croisière arrivent au **port du Pirée** (www.olp.gr), au sud-ouest d'Athènes.
- Des navettes gratuites circulent à l'intérieur de la zone portuaire et s'arrêtent près du métro.
- **Greek Ferries** (www.greekferries.gr). Horaires et billets, ou consultez www.openseas.gr.

Transports

Ligne 1 du métro 1,20 € ; 30 min jusqu'à Thissio ; 5h30-minuit.

Bus X80 Relie le port aux principaux sites ; 4,50 € ; 30 min jusqu'à l'Acropole ; mai-oct.

Bus 040 Jusqu'à Syntagma ; 1,20 € ; ttes les 10-20 minutes 6h-minuit, sinon ttes les 30 min 24h/24.

Bus de nuit 500 Jusqu'à Omonia ; 1,20 € ; 45 minutes ; ttes les heures minuit-5 h.

Taxi Les taxis garés devant le métro sont connus pour surfacturer la course. Hélez plutôt un véhicule dans la rue. La course jusqu'au centre coûte 20-25 €.

Transports

Marche Dense, le centre d'Athènes se visite très bien à pied.

Métro Rapide et efficace, c'est l'option la plus pratique pour les touristes.

Taxi Les tarifs sont abordables, mais les chauffeurs ne parlent guère anglais.

Bus Si des lignes desservent toute la ville, il n'y a pas de plan imprimé du réseau.

Tramway Un moyen lent et pittoresque de gagner la côte.

Voiture Inutile et source de stress dans les rues étroites et les embouteillages.

Comment circuler

Métro

- Ligne 1 (verte) à destination du Pirée, Ligne 2 (rouge) et Ligne 3 (bleue) pour l'aéroport (certains trains s'arrêtent quelques stations avant).
- Les plans sont clairs et traduits en anglais. Toutes les stations sont accessibles en ascenseur et aux personnes en fauteuil roulant.
- Les trains circulent de 5h30 à minuit, ttes les 4 à 6 min en heures de pointe/normales. Dernier départ pour l'aéroport à 23h. Les lignes 2 et 3 circulent jusqu'à 2h ven et sam.
- Infos sur www.stasy.gr.

Taxi

- Un court trajet dans le centre coûte environ 6 €.
- Au compteur, le chiffre "1" indique le tarif normal, le chiffre "2" le tarif majoré de 60% en vigueur après minuit et les jours fériés.
- Si le taxi vous prend alors qu'il a déjà un client, chacun paie le prix au compteur, moins les détours pour descendre les autres passagers (notez le prix indiqué lorsque vous montez dans le taxi).
- Pour aller à l'aéroport, les chauffeurs proposent souvent un tarif fixe de 45/60 €, comprenant les suppléments licites (péage, taxe d'aéroport, surtaxe des bagages).
- Pour héler un taxi dans la rue, tendez le bras et criez votre destination.
- Les applications **Beat** (www.thebeat.co/gr/en) **Taxiplon** (www.taxiplon.gr/en/) vous aideront.
- Si vous prévoyez des excursions à la journée, contactez **Athens Tour Taxi** (www.athenstourtaxi.com).

Bus

- Généralement ttes les 15 min de 5h à minuit.
- Pour les itinéraires, utilisez Google Maps ou le planificateur de trajet du site d'**OASA**

(www.oasa.gr) ou du site http://telematics.oasa.gr.

- Les lignes de trolleybus 2, 5, 11 et 15 de Syntagma au musée national d'Archéologie sont les plus utiles aux touristes.

Tramway

- La ligne de tramway relie Syntagma à la côte. Elle bifurque à l'est à destination de Voula (1 heure), à l'ouest en direction de Faliro (45 minutes), et du Pirée (1 heure).
- Le service fonctionne de 5h30 à minuit du dimanche au jeudi (ttes les 10 min) et jusqu'à 2h30 vendredi et samedi (ttes les 40 min).
- Des distributeurs automatiques de billets se trouvent sur les quais.
- Infos sur www.stasy.gr

Vélo

- Malgré l'absence de pistes cyclables, la circulation et les nombreuses collines, des Athéniens motivés circulent à vélo, et vous pouvez en faire autant pour visiter les sites.
- Une piste cyclable relie Thisio à la côte.
- **Roll in Athens** (www.rollinathens.tours) organise de bornes visites.
- **Funky Ride** (www.funkyride.gr) loue des vélos.

Infos pratiques

Argent

- Les magasins et restaurants ont l'obligation de disposer d'un système de paiement par carte bancaire, mais les règlements en espèces restent plus courants.

Billets et pass

L'**Ath.ena Ticket** est un titre de transport rechargeable permettant de prendre le bus, le tramway et le métro, en vente aux distributeurs automatiques et aux guichets des stations de métro. Il existe aussi une Ath.ena Card en plastique, disponible uniquement aux guichets. Les Ath.ena Tickets pour les trajets en bus express (au départ de l'aéroport, par exemple) ne sont pas rechargeables. Vous avez besoin d'un billet spécial pour les navettes de l'aéroport.

Billet à l'unité (90 minutes, transferts illimités)	1,20 €
Pass 24 heures	4,10 €
Pass 5 jours	8,20 €
Pass touristique de 3 jours incluant un aller-retour à l'aéroport	20 €

Les moins de 6 ans voyagent gratuitement. Les 6-18 ans et les plus de 65 ans paient demi-tarif (uniquement au guichet).

Dans le métro, posez votre titre de transport sur le lecteur du tourniquet. Entrez par n'importe quelle porte dans les bus et tramways, et validez-le aux bornes.

Us et coutumes

Langage corporel Pour dire "oui" de la tête, les Grecs font le signe que nous utilisons pour dire "non" et vice versa. Le geste négatif s'accompagne souvent du son *tsk*.

Repas Si l'on vous invite au restaurant, proposez de payer mais sans insister (c'est un honneur de payer, vous devrez donc faire de même). N'expédiez pas le repas et ne pressez pas les serveurs.

Photographie Dans les églises, ne faites pas de photos, notamment de l'autel ou des icônes. Sur les sites historique, l'utilisation d'un trépied fait de vous un professionnel et peut nécessiter une autorisation.

Lieux de culte Couvrez-vous les épaules et les jambes. L'entrée de certaines églises est refusée aux personnes trop dévêtues.

- Les grandes banques ont une succursale à Syntagma. Les DAB abondent dans les quartiers commerçants, mais se font rares dans les zones résidentielles.

Banque nationale de Grèce Machine de change automatique 24h/24.

Onexchange Change et transfert d'argent. Agences à **Syntagma** (www.onexchange.gr) et **Monastiraki** (www.onexchange.gr).

Pourboires

Hôtels et ferries Les grooms et les stewards attendent une petite gratification de 1 à 3 €.

Restaurants Si le service est compris, arrondissez juste la note. Sinon, laissez 10% à 20% de plus.

Taxis Ajoutez 1 ou 2 € au prix de la course. Prévoyez un supplément qui n'est pas un pourboire pour les bagages.

Consigne

L'aéroport dispose d'une consigne (à partir de 6 €/6 heures ; www.care4bag.gr) et la plupart des hôtels gardent gratuitement les bagages de leurs clients. Autres options :

Athens Lockers (www.athenslockers.com)

LeaveYourLuggage.gr (www.leaveyourluggage.gr ; 📶)

Le site www.thisisathens.org pour en connaître d'autres.

Cartes de réduction

Athens Spotlighted (www.athenspotlighted.gr). Disponible au bureau d'information de l'aéroport d'Athènes ou sur Internet. Rabais dans des boutiques, restaurants et quelques sites. Gratuite.

European Youth Card (www.eyca.org ; 14 €). Destinée aux résidents européens de moins de 31 ans.

Carte d'étudiant internationale (ISIC ; www.isic.org). Pour les plus de 12 ans, (3-23 €).

Seniors Les retraités de l'UE munis d'un justificatif bénéficient de réductions.

Eau

L'eau du robinet est potable.

Électricité

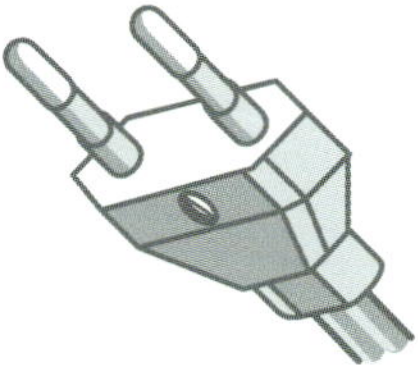

Type C
220 V/50 Hz

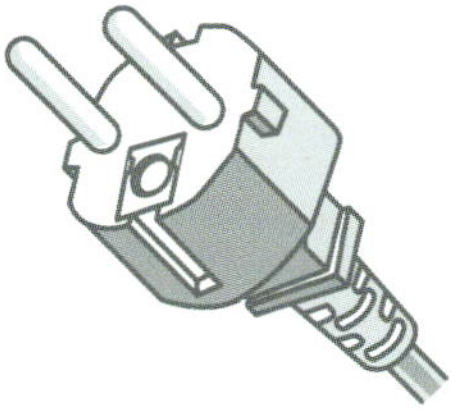

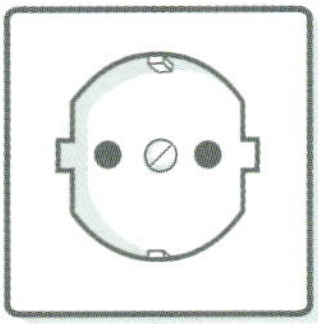

Type F
230 V/50 Hz

Heures d'ouverture

- Certains bars et restaurants réduisent leurs jours d'ouverture en hiver.
- Les bars musicaux sans espace extérieur cessent généralement leur activité tout l'été.
- Nombre de commerces ferment une heure ou deux l'après-midi.
- Voici les horaires habituels :

Banques 8h30-14h30 lun-jeu, 8h-14h ven

Cafés 10h-minuit

Bars 20h-tard

Discothèques 22h-4h

Restaurants 12h-22h ou plus tard

Magasins 8h-15h lun, mer et sam, 8h-14h30 et 17h-20h mar, jeu et ven

Internet (accès)

- La plupart des hôtels ont un accès Internet, mais la connexion est souvent lente.
- Points Wi-Fi gratuits à Syntagma, Thisio, Gazi et au port du Pirée.
- Cosmote (principale compagnie de télécommunications de Grèce) dispose de bornes Wi-Fi publiques. Achetez une carte SIM ou prépayées (sur présentation d'un passeport) chez Cosmote ou Germanos.

Jours fériés

Toutes les banques et boutiques ainsi que la plupart des musées et des sites antiques ferment les jours fériés et lors des fêtes orthodoxes (comme Pâques) aux dates mobiles.

Nouvel An 1er janvier

Épiphanie 6 janvier

Jour de l'Indépendance 25 mars

Fête du travail (Protomagia) 1er mai

Assomption 15 août

Jour de l'Ohi 28 octobre

Noël 25 décembre

Saint-Étienne 26 décembre

Offices du tourisme

- Consultez le site de la culture à Athènes (https://cultureisathens.gr) pour être au courant des événements.

Athens City Information Airport (www.thisisathens.org)

Jours fériés du calendrier orthodoxe grec

Il s'agit de jours fériés officiels et beaucoup de gens prennent des vacances durant toute la semaine qui précède Pâques. Réservez hôtels et transports longtemps à l'avance.

Année	Premier lundi du Carême	Du Vendredi saint au lundi de Pâques	Lundi de Pentecôte
2023	27 février	14-17 avril	5 juin
2024	18 mars	3-6 mai	24 juin
2025	3 mars	18-21 avril	9 juin
2026	23 février	10-13 avril	1er juin

Athens City Information Syntagma (www.thisisathens.org)

EOT (Office nationa du tourisme grec ; www.visitgreece.gr)

Poste

Le système postal grec ne brille pas par sa rapidité. Les grands bureaux de poste vendent des emballages pour colis.

Poste centrale d'Athènes (www.elta.gr)

Santé

Les pharmacies affichent sur leur vitrine les officines de garde. Sinon, téléphonez au ☎1434. La pharmacie de l'aéroport est ouverte 24h/24.

SOS Médecins (☎210 821 2222, 1016 ; www.sosiatroi.gr/fr ; 🕒24h/24). Médecins anglophones qui se déplacent à domicile/ l'hôtel.

Sécurité

- La crise financière a entraîné une hausse de la criminalité, mais les exactions violentes sur la voie publique restent toutefois rares.
- Soyez vigilant le soir, surtout dans les rues mal famées au sud-ouest d'Omonia fréquentées par les prostituées et les toxicomanes.
- Les vols de téléphones portables augmentent. Évitez de laisser le vôtre trop en évidence.
- Les pickpockets sévissent en particulier sur la ligne 1 du métro (Le Pirée-Kifisia), autour d'Omonia et d'Athinas et au marché aux puces de Monastiraki.
- Des escrocs "invitent" des touristes de sexe masculin dans des bars à hôtesses, où on leur facture une note exorbitante.

Grèves

- Les grèves et manifestations, presque toujours annoncées à l'avance, peuvent affecter les transports ainsi que l'ouverture des sites et des commerces.
- En cas de grève, une assurance voyage peut se révéler utile.
- Regardez s'il y a une grève sur le site www.apergia.gr ou de l'ambassade de France (https://gr.ambafrance.org).

Approfondissements

Ces livres, films et chansons vous aideront à mieux connaître Athènes.

Découvrir Athènes avec Constantin Cavafy Comparez la ville avec ce qu'elle était au début du XXe siècle.

Jamais le dimanche (1960) Une prostituée du Pirée au cœur d'or (Melina Mercouri) rencontre un Américain (Jules Dassin) tatillon se passionnant pour la Grèce antique

Oncle Petros et la conjecture de Goldbach (Apostolos Doxiadis ; 1992) Un conte sur l'amour, les mathématiques et Athènes.

Attenberg (2010) L'ode d'Athina Rachel Tsangari à la jeunesse révoltée.

Rembetika : Songs of the Greek Underground 1925–1947 De nombreux chants classiques que vous entendrez probablement dans les bars.

Tora Tora (Boro Boro) (Giorgos Mazonakis & Arash ; 2022) Hymne de l'été sur le thème de l'amour perdu interprété par un chanteur du Pirée et un chanteur irano-suédois.

Tabagisme

On estime que 24% des Grecs adultes fument. Il est interdit de fumer dans les espaces publics fermés, mais les bars ignorent souvent la loi. La cigarette électronique n'a pas beaucoup d'adeptes. Les fumeurs sont nombreux aux terrasses.

Téléphone

- Code de la Grèce : ☎30
- À Athènes, les numéros des fixes commencent par ☎21, ceux des mobiles par ☎6.
- Les téléphones publics fonctionnent avec des cartes en vente dans les kiosques (*periptera*). Utiles pour les appels internationaux
- On peut se procurer des cartes SIM dans les boutiques de téléphonie (passeport demandé).
- Les voyageurs canadiens doivent posséder un téléphone bibandes ou tribandes et demander à leur opérateur de le débloquer avant de partir.

Toilettes

- Les toilettes publiques sont rares. Pour utiliser celles d'un café, ayez la politesse de consommer quelque chose.
- Le diamètre des canalisations n'étant pas adapté à l'évacuation du papier toilette, veillez à jeter celui-ci et les autres détritus dans la poubelle prévue à cet effet.

Urgences

Urgences	☎112
Police	☎100
Police touristique	☎171

Si vous appelez depuis un numéro étranger, seul le ☎112 fonctionne.

Commissariat central (☎ 210 770 5711, numéro d'urgence 100 ; www.astynomia.gr ; Leoforos Alexandras 173 ; Ⓜ Ambelokipi)

Commissariat de Syntagma (☎ 210 725 7005, numéro d'urgence 100 ; Mimnermou 6-8 ; Ⓜ Syntagma). Pratique pour les visiteurs.

Police touristique (☎ 210 920 0724, 24h/24 171 ; Veïkou 43-45 ; 🕐 8h-22h ; Ⓜ Sygrou-Fix, Akropoli)

Visas

Canada Aucun visa requis pour un séjour de moins de 90 jours.

France, Belgique, Suisse Carte d'identité ou passeport valide.

- Depuis 2022, les citoyens d'une soixantaine de pays à l'extérieur de l'UE qui n'ont pas besoin de visa pour entrer dans l'espace Schengen, doivent effectuer une demande d'autorisation préalable dans le cadre de l'ETIAS (ec.europa.eu).

Autres pays Adressez-vous à l'ambassade ou au consulat de Grèce.

Voyageurs handicapés

- Bien que les Jeux paralympiques de 2004 aient amélioré l'accessibilité, les voies en marbre et les escaliers restent un problème pour les personnes en fauteuil roulant.
- En dehors des bandes tactiles sur les trottoirs, peu d'aménagements sont prévus pour les handicapés visuels et auditifs.

Matt Barrett's Greece Guides (www.greecetravel.com/handicapped). Informations sur les hébergements et circuits adaptés (en anglais).

Sage Traveling (www.sagetraveling.com/athens-accessible-travel). L'expérience d'un voyageur en fauteuil roulant (en anglais).

Extramilers (www.extramilers.eu). Ressources nouvelles et en développement pour les personnes handicapées.

National Confederation of Persons with Disabilities (www.esamea.gr). Organisation de défense dont le siège est à Athènes.

Perpato (www.perpato.gr). Organisation du nord de la Grèce œuvrant en faveur de l'accessibilité.

European Disability Forum (www.edf-feph.org). Grand bureau d'informations sur les initiatives européennes en faveur des personnes handicapés.

Langue

La langue grecque est probablement la plus ancienne des langues européennes : elle se transmet oralement depuis 4 000 ans, et s'écrit depuis environ trois millénaires.

L'alphabet grec est très proche de notre alphabet latin et la prononciation pose peu de problèmes aux francophones. Dans cette section, les lettres en italique indiquent la place de l'accent tonique. Les trois genres, masculin, féminin et neutre, sont indiqués par "m/f/n".

Indispensable pour mieux communiquer sur place : le *Guide de conversation Grec* de Lonely Planet. Inclus : un minidictionnaire.

Expressions courantes

Salut.

Γειά σας. *ya*·sas (poli)
Γειά σου. *ya*·sou (fam)

Bonjour/bonsoir.

Καλή μέρα/ σπέρα. ka·*li mè*·ra/ *spè*·ra

Au revoir.

Αντίο. an·*di*·o

Oui./Non.

Ναι./Οχι. nè/*o*·hi

S'il vous plaît.

Παρακαλώ. pa·ra·ka·*lo*

Merci.

Ευχαριστώ. èf·ha·ri·*sto*

Désolé(e).

Συγγνώμη. sigh·*no*·mi

Comment t'appelles-tu ?

Πώς σας λένε; pos sas *lè*·nè

Je m'appelle...

Με λένε … mè *lè*·nè...

Parlez-vous français ?

Μιλάτε αγγλικά; mi·*la*·tè gha·li·*ka*

Je (ne) comprends (pas).

(Δεν) καταλαβαίνω. (dhèn) ka·ta·la·*vè*·no

Au restaurant

J'aimerais...

Θα ήθελα… tha *i*·thè·la...

une tasse

ένα φλυτζάνι è·na fli·*dza*·ni

de café

καφέ ka·*fè*

une table

ένα τραπέζι è·na tra·*pè*·zi

pour deux

για δύο άτομα ya *dhi*·o *a*·to·ma

une bière

μία μπύρα *mi*·a *bi*·ra

Je suis végétarien(ne).

Είμαι χορτοφάγος. *i*·mè hor·to·*fa*·ghos

Que me recommandez-vous ?

Τι θα συνιστούσες; ti tha si·ni·*stu*·sès

Santé !

Εις υγείαν! is i·*yi*·an

C'était délicieux !

Ήταν νοστιμότατο. *i*·tan no·sti·*mo*·ta·to

L'addition, s'il vous plaît.

Το λογαριασμό, παρακαλώ. to lo·ghar ya·*zmo* pa·ra·ka·*lo*

Shopping

Je souhaiterais acheter...
Θέλω ν' αγοράσω…
thè·lo na·gho·*ra*·so...

Je ne fais que regarder.
Απλώς κοιτάζω.
ap·*los* ki·*ta*·zo

Combien ça coûte ?
Πόσο κάνει;
po·so *ka*·ni

C'est trop cher.
Είναι πολύ ακριβό.
i·nè po·*li* a·kri·*vo*

Pourriez-vous baisser le prix ?
Μπορείς να κατεβάσεις
bo·*ris* na ka·tè·*va*·sis
την τιμή;
tin ti·*mi*

Urgences

À l'aide !
Βοήθεια!
vo·*i*·*thi a*

Appelez un médecin !
Φωνάξτε ένα γιατρό!
fo·*nak*·*stè è*·*na yi*·*a*·*tro*

Appelez la police !
Φωνάξτε την αστυνομία!
fo·*nak*·*stè tin a*·*sti*·*no*·*mi*·*a*

Il y a eu un accident.
Εγινε ατύχημα
èy·*i*·*nè a*·*ti*·*chi*·*ma*

Je suis malade.
Είμαι άρρωστος.
i·*mè a*·*ro*·*stoss*

J'ai mal ici.
Πονάει εδώ.
po·*na*·*ï è*·*dho*

Je me suis perdu(e).
Έχω χαθεί.
è·*rho rha*·*thi*

Heure et chiffres

Quelle heure est-il ?
Τι ώρα είναι;
ti o·*ra i*·*nè*

Il est (deux) heures.
Είναι (δύο η ώρα).
i·*nè (dhi*·*o) i o*·*ra*

hier
χθες *rhtèss*

aujourd'hui
σήμερα *si*·mè·ra

demain
αύριο *av*·ri·o

matin
πρωί pro·*i*

après-midi
απόγευμα a·*po*·*yèv*·ma

soir
βράδυ *vra*·dhi

1	ένας/μία	è·nass/*mi*·a (m/f)
	ένα	è·na (n)
2	δύο	*dhi*·o
3	τρεις	triss (m et f)
	τρία	*tri*·a (n)
4	τέσσερεις	*tè*·ssè·riss (m et f)
	τέσσερα	*tè*·ssè·ra (n)
5	πέντε	*pen*·dè
6	έξη	*èk*·ssi
7	επτά	ep·*ta*
8	οχτώ	orh·*to*
9	εννέα	è·*nè*·a
10	δέκα	*dhè*·ka

Transports et orientation

Où est... ?
Πού είναι…; pou *i*·nè...

Quelle est l'adresse ?
Ποια είναι η διεύθυνση;
pia *i*·nè i dhi·*èf*·thin·si

Pouvez-vous me montrer (sur la carte) ?
Μπορείς να μου
bo·*riss* na mou
δείξεις (στο χάρτη);
dhik·siss (sto *rhar*·ti)

Je voudrais aller à...
Θέλω να πάω στο/στη…
thè·lo na *pao* sto/sti...

Où puis-je acheter un billet ?
Πού αγοράζω εισιτήριο;
pou a·gho·*ra*·zo i·ssi·*ti*·ri·o

À quelle heure part-il ?
Τι ώρα φεύγει;
ti o·ra *fèv*·yi

S'arrête-t-il à... ?
Σταματάει στο …;
sta·ma·*ta*·ï sto...

J'aimerais descendre à...
Θα ήθελα να κατεβώ…
tha *i*·thè·la na na ka·tè·*vo*...

Index

Voir aussi les index des rubriques :
Se restaurer p. 188
Prendre un verre p. 189
Sortir p. 190
Shopping p. 190

Référence sites
Réf. cartes

Référence sites
Réf. cartes

Prendre un verre

Sortir

Shopping

Référence sites
Réf. cartes

En coulisses

Vos réactions

Vos commentaires nous sont très précieux pour améliorer nos guides. Notre équipe lit vos lettres avec la plus grande attention et prend en compte vos remarques pour les prochaines mises à jour. Pour nous faire part de vos réactions, prendre connaissance de notre catalogue et vous abonner à notre newsletter, consultez notre site Internet : **www.lonelyplanet.fr**

Nous reprenons parfois des extraits de notre courrier pour les publier dans nos guides ou sites web. Si vous ne souhaitez pas que vos commentaires soient repris ou que votre nom apparaisse, merci de nous le préciser. Notre politique en matière de confidentialité est disponible sur notre site Internet.

Crédits photographiques

Couverture : Vue sur l'Acropole depuis le Plaka, Athènes ; sborisov/ iStockphoto.com ©

Pages 32-33, dans le sens de l'horloge : miriam gimbel, milan gonda, lanovska, pe dra/shutterstock ©

Un mot de l'auteure

Un immense merci aux Athéniens pour m'avoir prêté leur concours dans les recherches que j'effectue afin de mieux connaître leur fabuleuse ville, tâche à laquelle je m'emploie depuis des décennies sans en voir le bout. Ryan est un formidable compagnon sur la route et en général. Anthy, Costas et Matthew m'ont fait découvrir la Grèce et aidée à m'y sentir chez moi, ce dont je leur suis à jamais reconnaissante. Un grand merci aussi à Zora O'Neill et Simon Richmond pour les précédentes moutures de ce guide.

À propos de cet ouvrage

Cette 5e édition du guide *Athènes en quelques jours* une traduction/adaptation de l'ouvrage *Pocket Athens* (6e édition), élaboré et rédigé par Alexis Averbuck. La précédente édition avait été rédigée par Zora O'Neill.

Traduction Cécile Giroldi

Direction éditoriale Dominique Bovet

Responsable prépresse Jean-Noël Doan

Coordination éditoriale Marion Gautier

Maquette Sébastienne Ocampo

Cartographie Eduardo Yanes Blanch

Couverture Laurent Briar

Merci à Dolorès Mora pour sa relecture, à Clara Latriglia pour la préparation du texte et à toute l'équipe de Paris.

L'auteure

Alexis Averbuck

Alexis vit à Hydra, en Grèce, mais elle fait de fréquents voyages à Athènes et explore son pays d'adoption à la moindre occasion. Le reste du temps, elle se trouve en Californie, son autre foyer, ou effectue des recherches sur l'Islande, la France et l'Italie pour Lonely Planet. Auteure de guides depuis vingt ans, elle a vécu un an en Antarctique, traversé le Pacifique à la voile et écrit des livres sur ses voyages en Asie et en Amérique. Elle est également peintre. Pour en savoir plus sur elle, consultez le site www.alexisaverbuck.com.

Athènes en quelques jours
5e édition

92 avenue de France - 75013 Paris

Dépôt légal Avril 2023
ISBN 978-2-38492-055-6

Imprimé par Pollina, Luçon, France - 49296
Réimpression 02, mars 2024

En Voyage Éditions | un département édi8